Heidi Fuchs · Maria Natter

# Handbuch Häkeln

# Handbuch Häkeln

Heidi Fuchs
Maria Natter

Weltbild

# Inhaltsverzeichnis

Genehmigte Lizenzausgabe
für Verlagsgruppe Weltbild GmbH,
Steinerne Furt, 86167 Augsburg
Copyright © 1999 Bassermann Verlag,
München
Der Bassermann Verlag ist ein Unternehmen
der Verlagsgruppe Random House GmbH,
München.

Fotos: Photo-Design-Studio Gerhard Burock,
Wiesbaden-Naurod
Zeichnungen: Claudia Brödhoff, Augsburg;
Mayer & Mühl, Flörsheim; Daniela Schneider,
Frankfurt/M.; Z. Thiel, Augsburg; Vorarlberger
Grafik, Hard; Corinna Voitl, Augsburg
Umschlaggestaltung: Atelier Lehmacher,
Friedberg (Bay.)
Umschlagmotiv: Atelier Lehmacher,
Friedberg (Bay.)
Gesamtherstellung: aprinta Druck GmbH &
Co. KG, Senefelderstraße 3 – 11,
86650 Wemding

Printed in Germany

ISBN 3-8289-2485-9

2008   2007   2006   2005
Die letzte Jahreszahl gibt die aktuelle
Lizenzausgabe an.

Alle Rechte vorbehalten. Nachdruck, auch
auszugsweise, sowie Verbreitung durch
Film, Funk und Fernsehen, durch foto-
mechanische Wiedergabe, Tonträger und
Datenverarbeitungssysteme jeder Art nur
mit schriftlicher Genehmigung des Verlags.

Die Ratschläge in diesem Buch sind von
Autorin und vom Verlag sorgfältig erwogen
und geprüft, dennoch kann eine Garantie
nicht übernommen werden. Eine Haftung
der Autorin bzw. des Verlags und seiner
Beauftragten für Personen-, Sach- und Ver-
mögensschäden ist ausgeschlossen.

Die Häkel-Symbolschrift in diesem Buch
ist urheberrechtlich geschützt und darf
von Dritten nur mit ausdrücklicher Genehmigung des Verlages verwendet werden.

Einkaufen im Internet: *www.weltbild.de*

| | |
|---|---|
| Nadeln | 5 |
| Symbolschrift | 6 |
| Die Handhaltung | 8 |
| Der Beginn | 8 |
| Die Luftmasche | 9 |
| Luftmaschenreihen | 9 |
| Die Kettmasche | 10 |
| Die feste Masche | 11 |
| Der Fadenring | 14 |
| Der Luftmaschenring | 14 |
| Das halbe Stäbchen | 18 |
| Das einfache Stäbchen | 19 |
| Das zusammen abgemaschte Stäbchen | 20 |
| Das doppelte und mehrfache Stäbchen | 21 |
| Das Kreuzstäbchen | 22 |
| Das Reliefstäbchen | 24 |
| Gittermuster | 28 |
| Einfache Muster | 32 |
| Muschelmuster | 36 |
| Fantasiemuster | 40 |
| Reliefmuster | 44 |
| Mustergruppen | 46 |
| Bunte Muster | 72 |
| Noppen | 86 |
| Tunesische Häkelei | 96 |
| Filethäkelei | 104 |
| Filethäkelspitzen | 128 |
| Häkelspitzen, Borten und Bordüren | 138 |
| Angesetzte Spitzen | 150 |
| Motivmuster | 170 |
| Bunte Motive | 182 |
| Irische Häkelei | 188 |
| Brügger Häkelei | 218 |
| Häkeldecken | 226 |
| Gabelhäkelei | 242 |
| Schlingenhäkelei | 246 |
| Webhäkeln | 250 |
| Pikots | 256 |
| Randbordüren | 257 |
| Rüschen | 260 |
| Gehäkelte Fransen | 262 |
| Perlenhäkelei | 263 |
| Behäkelte Zackenlitzen | 264 |
| Anschlag aus Häkelmaschen | 266 |
| Farbwechsel bei Jaquardmustern | 268 |
| Knoplöcher | 270 |
| Knöpfe umhäkeln | 271 |
| Register | 272 |

# Nadeln

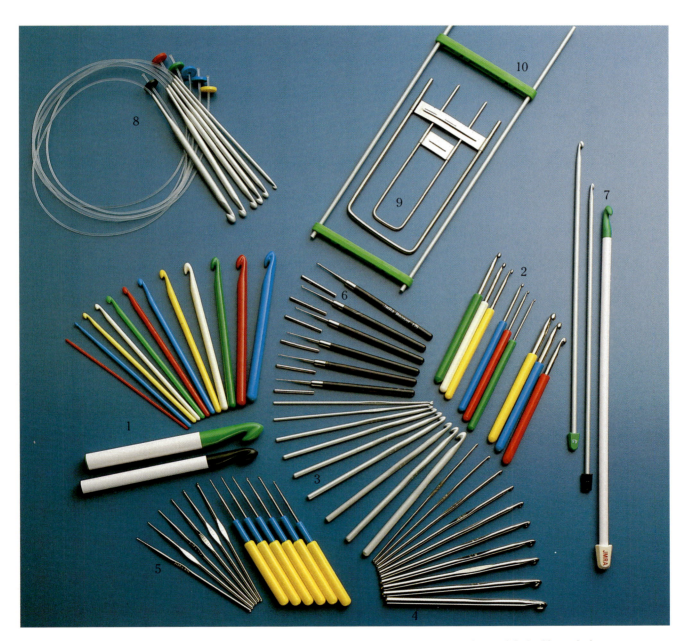

1 Wollhäkelnadeln aus Kunststoff
2 Wollhäkelnadeln mit Plastikgriff
3 Wollhäkelnadeln aus Aluminium
4 vernickelte Wollhäkelnadeln
5 vernickelte Garnhäkelnadeln
6 Garnhäkelnadeln mit Schutzhülle
7 tunesische Häkelnadeln
8 flexible tunesische Häkelnadeln
9 vernickelte Netzgabeln
10 verstellbare Netzgabel

# Symbolschrift

## Grundmaschen

- ⭕ Luftmasche
- ▼ Kettmasche
- ⬭ feste Masche
- ? halbes Stäbchen
- ? Stäbchen
- ? Doppelstäbchen
- ? dreifaches Stäbchen
- ? Reliefstäbchen, vor der Arbeit liegend
- ? Reliefstäbchen, hinter der Arbeit liegend
- ? Relief-Büschelstäbchen
- ? Büschelmasche
- ✕ Kreuzstäbchen

 2 Umschläge

1. ∞∞  2. ?  3. ?  4. ?
5. ?  6. ?  7. ?

✕ Kreuzstäbchen aus Doppelstäbchen

 4 Umschläge

1. ∞∞  2. ?  3. ?  4. ?
5. ?  6. ?  7. ?

- 🔵 blauer Punkt = Maschen einhängen, nicht einstechen
- 🔻 rote Kettmasche = Runde schließen
- ⭕ Fadenring
- ⬭ Zwischenabmaschglied

## Mustergruppen

- ⋏ Grätenstich
- ⋏ einfacher Sternstich
- ⋏ Sternstich
- ⋏ Fächerstich

### Mehrere Stäbchen in 1 Masche

### Zusammen abgemaschte Stäbchen

## Gabelstäbchen

Gabelstäbchen können nach oben oder unten gerichtet sein. Neben den gezeigten Beispielen gibt es noch viele Kombinationen, die Zeichen werden aber immer nach dem gleichen Schema gelesen. Die Anzahl der Querstriche gibt die Höhe der Stäbchen an und aus der Lage der senkrechten Linien wird deutlich, über welchem Abmaschglied die Gabelung erfolgt.

Gabelstäbchen nach oben gerichtet

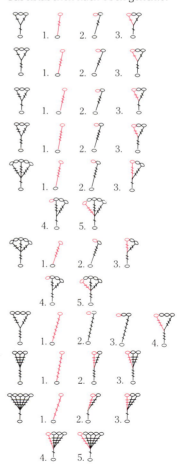

6

# Symbolschrift

## Gabelstäbchen nach unten gerichtet

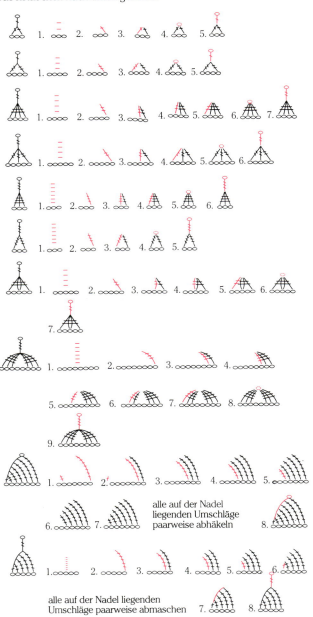

alle auf der Nadel liegenden Umschläge paarweise abhäkeln

alle auf der Nadel liegenden Umschläge paarweise abmaschen

## Verstärkte Mehrfachstäbchen

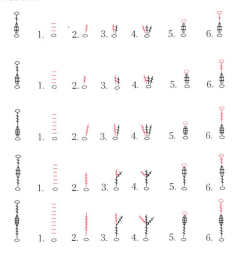

## Blattformen

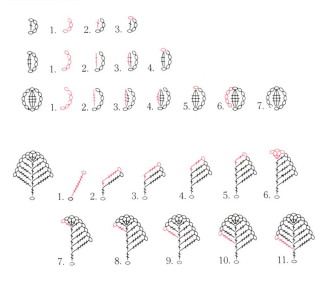

# Die Handhaltung beim Häkeln

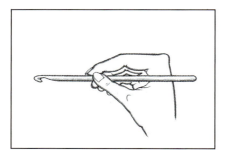

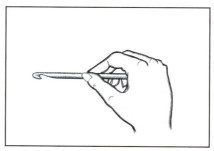

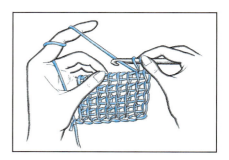

**Haltung der Häkelnadel.** Die Häkelnadel kann wie ein Bleistift oder wie eine Stricknadel gehalten werden. Man wählt jene Art, die einem persönlich als die einfachere und leichtere erscheint.

**Haltung der Häkelarbeit**

# Der Beginn

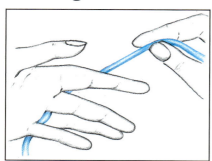

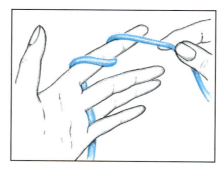

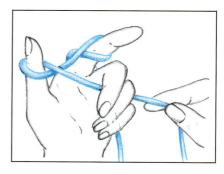

**1** Den Faden zwischen Klein- und Ringfinger der linken Hand einführen, über den Ringfinger nach hinten legen…

**2** …und von hinten nach vorne zweimal um den Zeigefinger wickeln.

**3** Den Faden als Kreuzschlinge um den Daumen legen und zwischen Mittel- und Ringfinger festhalten.

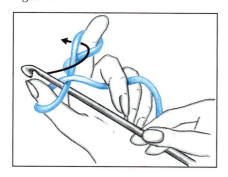

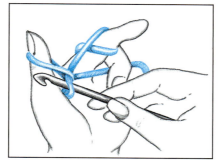

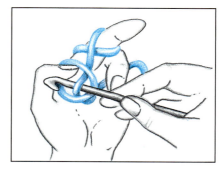

**4** Die Häkelnadel in die Kreuzschlinge einführen…

**5** …den Faden vom Zeigefinger holen…

**6** …durchziehen und die Schlinge anziehen.

## Die Luftmasche ○

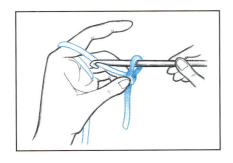

**1** Den Faden von hinten nach vorne um die Nadel legen.

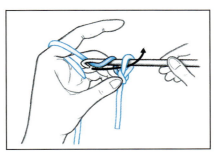

**2** So entsteht der erste Umschlag.

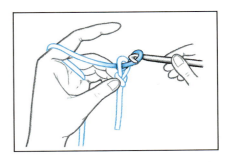

**3** Diesen Umschlag durch die Kreuzschlinge ziehen – es ergibt die erste Luftmasche.

## Luftmaschenreihen

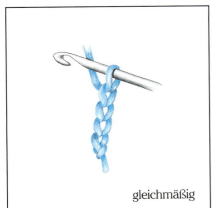

gleichmäßig

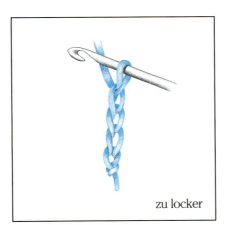

zu locker

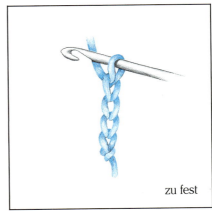

zu fest

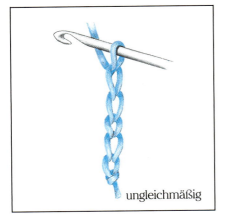

ungleichmäßig

Die Luftmaschenreihe bildet den Anfang aller Häkelarbeiten.
Das Einstechen in die Reihe erfolgt so, daß auf der Häkelnadel zwei Glieder der Luftmasche liegen und ein Glied unter der Häkelnadel liegt.
In den folgenden Zeichnungen ist die Luftmaschenkette vereinfacht mit zwei Maschengliedern dargestellt.

## Die Kettmasche ▼

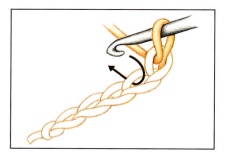

**1** In die zweite Luftmasche von der Nadel aus einstechen...

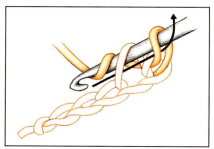

**2** ...den Faden umschlagen und durch das Maschenglied sowie die auf der Nadel liegende Schlinge ziehen.

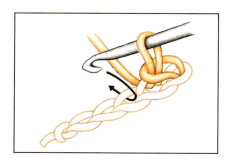

**3** In die nächste Luftmasche einstechen.

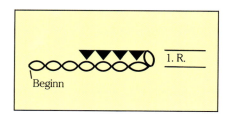

1. Reihe. Am Reihenende eine Luftmasche zum Wenden häkeln.

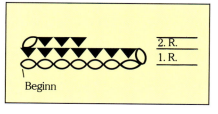

2. Reihe. Am Reihenende eine Luftmasche zum Wenden häkeln.

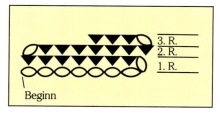

3. Reihe. Am Reihenende eine Luftmasche zum Wenden häkeln.

### Verwendung der Kettmasche

Die Kettmasche wird als Abschluß einer Häkelei, zum Versäubern und Festigen von Rändern und Blenden benutzt oder bei der Rundhäkelei zum Anschließen der letzten Masche einer Runde. Die Kettmasche eignet sich auch gut zum Verbinden zweier Häkel- oder Strickteile, da sie die niedrigste Häkelmasche ist.
Man kann mit der Kettmasche auch Flächen häkeln:

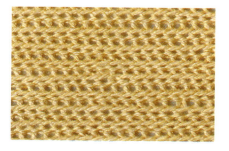

Jeweils in das vordere Maschenglied einstechen.

Jeweils in das hintere Maschenglied einstechen (Bosnischer Stich).

# Die feste Masche

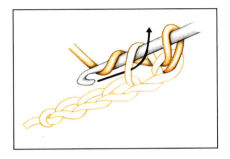

**1** In die zweite Luftmasche von der Nadel aus einstechen, den Faden umschlagen und durchziehen.

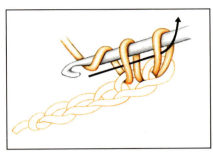

**2** Den Faden erneut umschlagen und durch die zwei auf der Häkelnadel liegenden Schlingen ziehen.

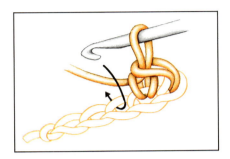

**3** In die nächste Luftmasche einstechen.

1. Reihe. Am Reihenende eine Luftmasche zum Wenden häkeln.

Den Abschluß der festen Maschenreihen kann man mit Rechtsmaschen vergleichen.
Je nach der gewünschten Art des Häkelmusters werden: beide Glieder der festen Masche aufgefaßt, nur das hintere Maschenglied in den Hin- und

2. Reihe. Am Reihenende eine Luftmasche zum Wenden häkeln.

Rückreihen, auf beiden Seiten nur das hintere oder das vordere Glied. Diese Variationen des Einstechens ergeben stets ein anderes Musterbild (siehe nächste Seite) und können auch bei den Stäbchen angewendet werden.

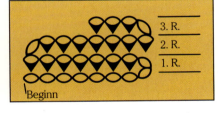

3. Reihe. Am Reihenende eine Luftmasche zum Wenden häkeln.

11

# Maschen

## Verschiedene Häkelstiche mit festen Maschen in hin- und hergehenden Reihen

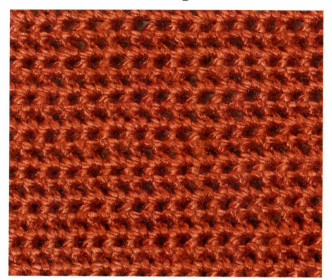

In beide Maschenglieder einstechen (Rosenstich).

In das vordere Maschenglied einstechen (Vorderstich).

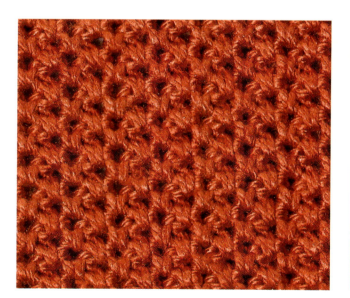

Jede zweite feste Masche eine Reihe tiefer einstechen.

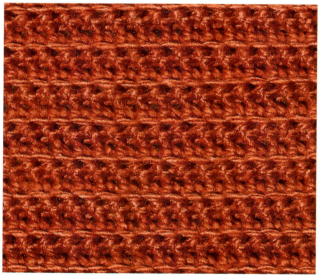

In das hintere Maschenglied einstechen (Gerippter Häkelstich).

# Maschen

## Verschiedene Häkelstiche mit festen Maschen in Runden (schlauchförmig)

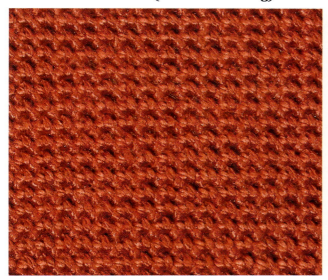

In beide Maschenglieder einstechen (Gretchenstich).

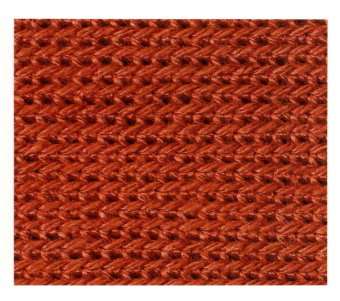

In das hintere Maschenglied einstechen.

Von hinten um den Steg zwischen zwei Maschen stecken (Flechtstich).

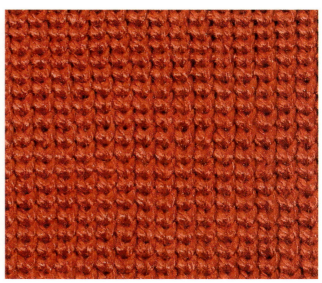

In die Mitte des Steges, zwischen den zwei senkrechten Fäden einstechen (Einfacher Strickstich).

# Der Fadenring

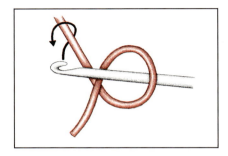 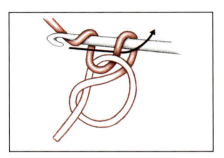 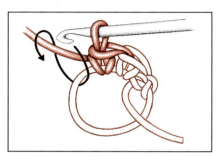

**1** Den Faden zur Schlinge legen, die Häkelnadel einführen, den Faden umschlagen und durchziehen, jedoch nicht zur Masche festziehen.

**2** Den Kreuzungspunkt mit Mittelfinger und Daumen halten, den Faden nochmals umschlagen und durch die erhaltene Schlinge ziehen. Den Fadenanfang nach rechts legen.

**3** Jetzt in den Fadenring die gewünschte Anzahl feste Maschen häkeln, am Fadenanfang ziehen und somit die Fadenschlinge mit den festen Maschen zusammenziehen.

## Der Luftmaschenring

Eine Luftmaschenkette in der gewünschten Länge arbeiten und mit einer Kettmasche in die erste Luftmasche zum Ring schließen. In diesen Ring häkelt man die gewünschten Maschen.

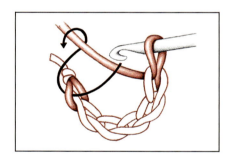

**Formen aus festen Maschen**

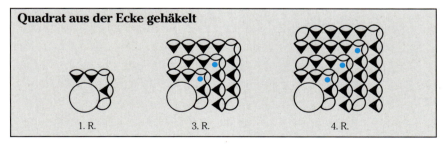 

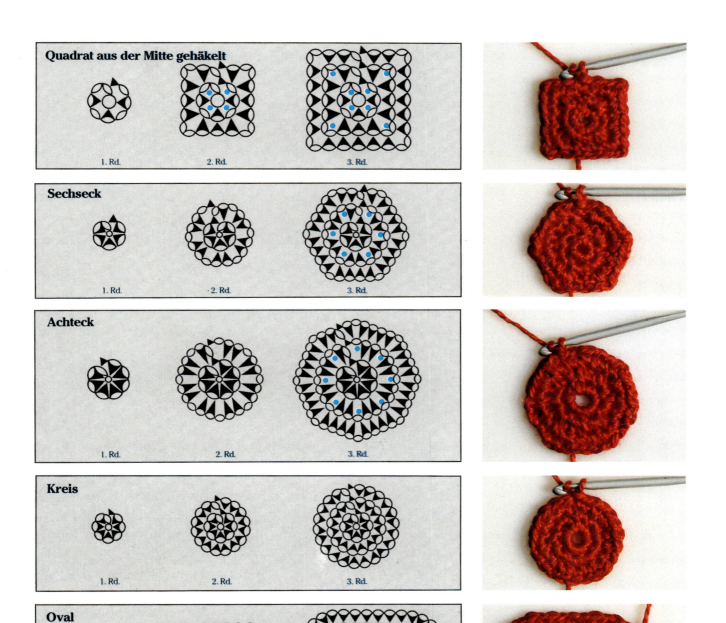

 Maschen

### Matchsack

Bodendurchmesser 23 cm,
Höhe 36 cm.

### Material
Mercerisiertes Baumwollgarn,
Lauflänge 50 g = 134 m,
Farben Weiß und Rot – je 150 g,
Grün, Gelb und Blau – je 100 g;
Häkelnadel Nr. 3.

### Farbfolge
Boden rot,
7 Reihen weiß,
19 Reihen rot,
7 Reihen weiß,
19 Reihen blau,
7 Reihen weiß,
19 Reihen gelb,
7 Reihen weiß,
19 Reihen grün,
Abschluß weiß.

### Maschenprobe
28 Maschen und 30 Reihen =
10x10 cm.

### Anleitung
Aus festen Maschen den Boden häkeln.
Nach der Farbfolge ohne Zunahmen
gerade hocharbeiten.

### Abschluß
*1. Runde:* feste Maschen.
*2. Runde:* \*2 Dreifachstäbchen in einer
Masche zusammen abgemascht, 2 Luftmaschen, 2 Maschen übergehen\*.
*3. Runde:* feste Maschen.

Aus 12 Fäden eine 1 m lange Kordel
drehen und durch die vorletzte Reihe
des Beutels ziehen.

Maschen

## Eierwärmer

**Material**
Topflappengarn,
Lauflänge etwa 50 g = 135 m;
Häkelnadel Nr. 3,
2 mm starken Schaumstoff (Rest).

**Materialverbrauch**
Farbe Gelb und Blau – je 50 g.

**Farbfolge**
für den gelben Eierwärmer
1.–11. Runde gelb,
12.+13. Runde blau,
14.+15. Runde gelb,
16.+17. Runde blau,
den Henkel blau.

Für den blauen Eierwärmer die Farben austauschen.

**Anleitung**
6 Luftmaschen mit einer Kettmasche zum Ring schließen.
*1. Runde:* Um den Ring 6 feste Maschen häkeln.
*2. Runde:* *3 feste Maschen in eine Masche, 1 feste Masche in die nächste Masche*.
*3. Runde:* *3 feste Maschen, 3 feste Maschen in die nächste Masche*.
*4. Runde:* *1 feste Masche, 3 feste Maschen in die nächste Masche. 4 feste Maschen*.
*5. Runde:* *6 feste Maschen, 3 feste Maschen in die nächste Masche, 1 feste Masche*.
Ohne Zunahmen in der Farbfolge bis zur 17. Runde häkeln.
*Henkel*
10 Luftmaschen mit einer Kettmasche zum Ring schließen und mit 32 festen Maschen umhäkeln.

**Ausarbeitung**
Die Wärmer mit dem Schaumstoff füttern und die Henkel festnähen.

# Das halbe Stäbchen

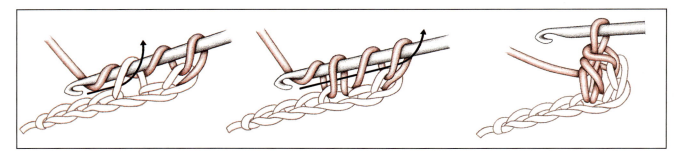

**1** Nach dem Anschlag (Luftmaschenkette) den Faden umschlagen, in die dritte Luftmasche von der Nadel aus einstechen, den Faden nochmals umschlagen und durch das Luftmaschenglied ziehen.

**2** Den Faden nochmals umschlagen und durch die drei auf der Nadel liegenden Maschenglieder ziehen.

**3** Den Faden umschlagen und in die nächste Luftmasche einstechen. Arbeitet man eine Fläche aus halben Stäbchen, so wird normalerweise in die beiden oberen Maschenglieder eingestochen.

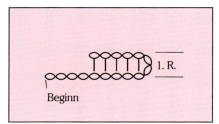
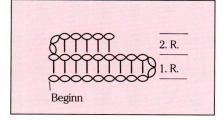
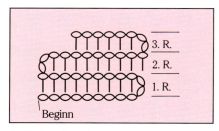

1. Reihe. Am Ende zwei Wendemaschen.

2. Reihe. Am Ende zwei Wendemaschen.

3. Reihe. Am Ende zwei Wendemaschen.

In das hintere Maschenglied einstechen.

1 Reihe in das hintere Glied einstechen. 1 Reihe in das vordere Glied einstechen.   Vorderseite

Rückseite

# Das einfache Stäbchen

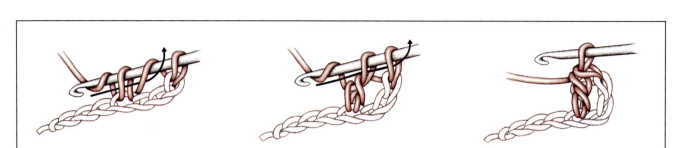

**1** Nach dem Anschlag den Faden umschlagen, in die vierte Luftmasche von der Nadel aus einstechen, den Faden durchziehen, nochmals umschlagen und durch die ersten beiden Maschenglieder ziehen.

**2** Jetzt sind noch zwei Maschenglieder auf der Nadel. Den Faden nochmals umschlagen und durch diese restlichen Maschenglieder ziehen.

**3** Den Faden umschlagen und in die nächste Luftmasche einstechen. Ab der zweiten Reihe wird immer in beide Maschenglieder eingestochen.

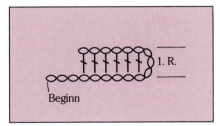 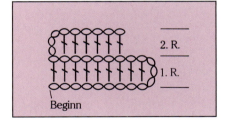 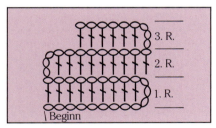

1. Reihe. Am Ende zwei Wendemaschen.

2. Reihe. Am Ende zwei Wendemaschen.

3. Reihe. Am Ende zwei Wendemaschen.

In das hintere Maschenglied einstechen.

Zwischen den Stäbchen der Vorreihe einstechen.

Für das erste Stäbchen zwischen das zweite und dritte Stäbchen der Vorreihe einstechen und dann zwischen das erste und zweite Stäbchen der Vorreihe.

# Das zusammen abgemaschte Stäbchen

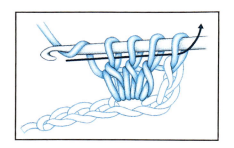

In unserem Beispiel werden drei Stäbchen in die gleiche Einstichstelle gearbeitet, aber jedesmal nur bis zur vorletzten Schlinge gehäkelt: umschlagen, in die fünfte Luftmasche von der Nadel aus einstechen, den Faden auffassen und durchziehen, nochmals umschlagen und diesen Umschlag durch zwei Schlingen ziehen. Diesen Vorgang noch zweimal wiederholen. Mit einem Umschlag alle vier Schlingen von der Nadel abmaschen, mit einer Luftmasche enden.

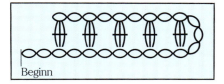

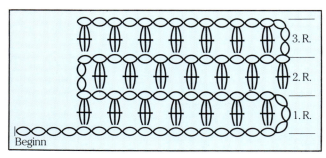

## Die Büschelmasche

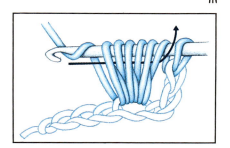

Den Faden umschlagen, in die fünfte Luftmasche von der Nadel aus einstechen, umschlagen, den Faden durchziehen und die Schlinge in Stäbchenhöhe ziehen. Diesen Vorgang zweimal wiederholen, es sind jetzt sieben Schlingen auf der Nadel. Den Faden umschlagen und durch sechs Schlingen ziehen. Den Faden nochmals umschlagen und die beiden letzten Schlingen zusammen abmaschen. Eine Luftmasche häkeln, eine Masche der Vorreihe übergehen.

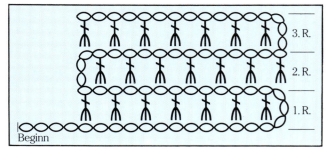

# Das doppelte und mehrfache Stäbchen

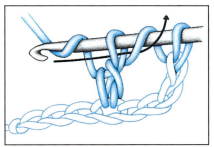

**1** Für das doppelte Stäbchen werden zum Wenden am Anfang einer Reihe vier Luftmaschen benötigt. Nach dem Anschlag den Faden zweimal umschlagen, in die fünfte Luftmasche von der Nadel aus einstechen, den Faden holen und durchziehen. Es sind jetzt vier Schlingen auf der Häkelnadel. Den Faden umschlagen und durch die ersten zwei Schlingen ziehen.

**2** Den Faden nochmals umschlagen und durch die nächsten zwei Schlingen ziehen. Wieder den Faden umschlagen und durch die letzten zwei Schlingen ziehen. Wieder den Faden umschlagen und durch die letzten zwei Schlingen ziehen. Es befindet sich wieder eine Masche auf der Nadel.

Doppelte und mehrfache Stäbchen entwickeln sich aus dem einfachen Stäbchen. Die Zahl der Umschläge bestimmt die Höhe des Stäbchens. Es werden immer zwei Schlingen zusammen abgemascht, bis am Ende eine Schlinge auf der Nadel übrigbleibt. Mehrfache Stäbchen werden hauptsächlich beim Zunehmen und für durchbrochene Muster gehäkelt.

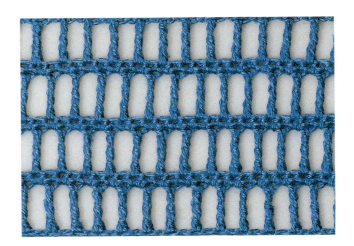
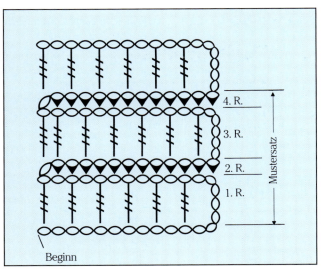

# Das Kreuzstäbchen

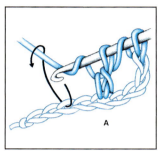 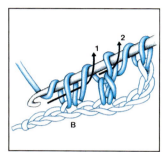  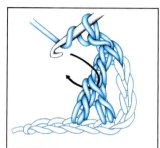

**1** Für das Kreuzstäbchen werden zum Wenden am Anfang einer Reihe vier Luftmaschen benötigt. Den Faden zweimal umschlagen, in die fünfte Luftmasche von der Nadel aus einstechen (A), den Faden holen und durchziehen, den Faden umschlagen und durch zwei Schlingen ziehen. Die drei Maschenglieder auf der Häkelnadel liegenlassen, den Faden umschlagen, eine Anschlagluftmasche überspringen, in die nächste Masche einstechen (B) und den Faden durchholen.

**2** Den Faden umschlagen und durch zwei Schlingen ziehen (1). Noch einmal umschlagen und durch zwei Schlingen ziehen (2). Es liegen jetzt drei Schlingen auf der Nadel.

**3** Den Faden umschlagen und wieder durch zwei Schlingen ziehen (1). Noch einmal umschlagen und durch zwei Schlingen ziehen (2). Es liegt nun ein Maschenglied auf der Nadel.

**4** Eine Luftmasche häkeln, den Faden umschlagen und unter den zwei obenliegenden Maschengliedern des Kreuzungspunktes der bisher gearbeiteten Stäbchen einstechen und den Faden durchziehen, den Faden umschlagen und durch zwei Schlingen ziehen. Noch einmal umschlagen und den Faden durch die zwei letzten Schlingen ziehen. Für das nächste Kreuzstäbchen den Faden zweimal umschlagen und in die nächste Anschlagluftmasche einstechen.

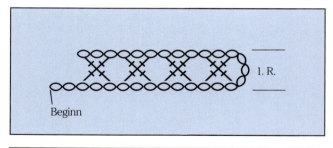

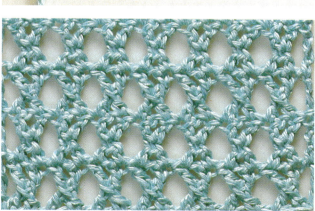

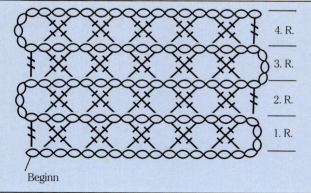

# Maschen

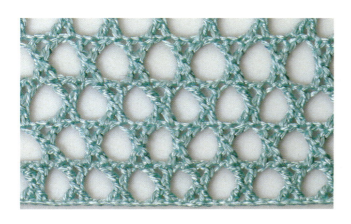
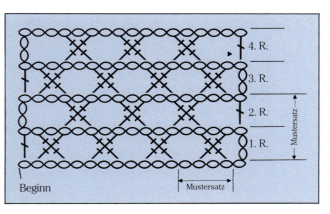

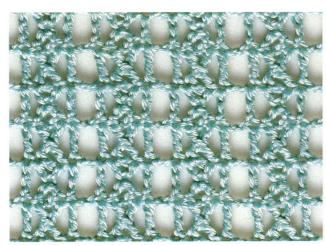
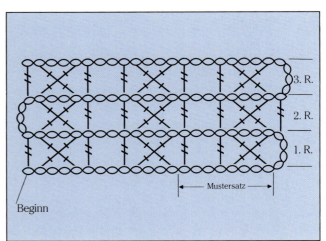

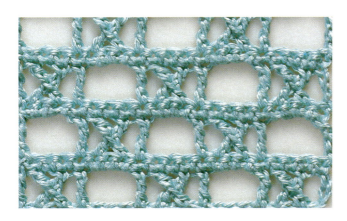
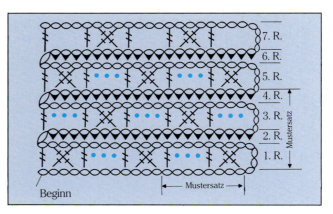

# Das Reliefstäbchen

## Das vor der Arbeit liegende Reliefstäbchen

Die erste Reihe wird aus einfachen Stäbchen gebildet. Drei Luftmaschen häkeln und die Arbeit wenden. Den Faden umschlagen, mit der Häkelnadel vor der Arbeit unter dem zweiten Stäbchen der Vorreihe durchstechen, dabei liegt das Stäbchen über der Häkelnadel. Den Faden umschlagen, durchziehen und das Stäbchen normal beenden. Dieses Reliefstäbchen gleicht auf der Rückseite dem Reliefstäbchen, das von hinten gearbeitet wird (siehe nächste Seite).

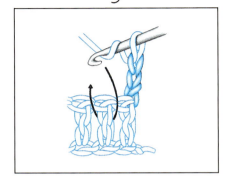
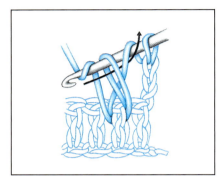

Werden in den Hin- und Rückreihen nur vor der Arbeit liegende Reliefstäbchen gearbeitet, ergibt sich dieses Muster, dessen Vorder- und Rückseite gleich ist.

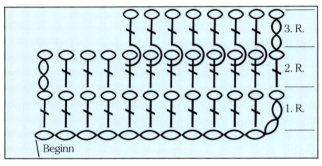

**Die Symbolschrift zeigt die Maschen, wie sie gearbeitet werden, nicht, wie sie auf der rechten Seite erscheinen!**

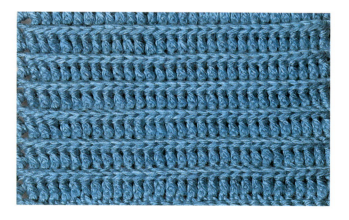
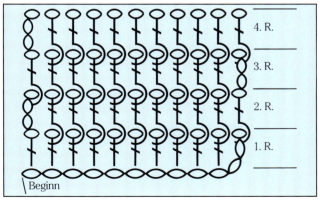

# Maschen

## Das hinter der Arbeit liegende Reliefstäbchen

Die erste Reihe wird aus einfachen Stäbchen gebildet. Drei Luftmaschen häkeln und die Arbeit wenden. Den Faden umschlagen, mit der Häkelnadel hinter der Arbeit in Pfeilrichtung um das zweite Stäbchen der Vorreihe herumstechen. Den Faden nochmals umschlagen und durchziehen. Das Stäbchen normal beenden. Dieses Reliefstäbchen gleicht auf der Rückseite dem Reliefstäbchen, das von vorne gearbeitet wird.

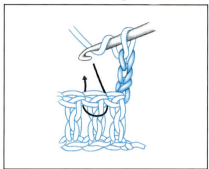
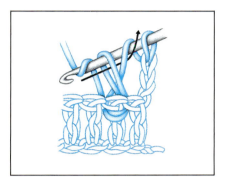

Werden abwechselnd eine Reihe Reliefstäbchen vor der Arbeit liegend und eine Reihe Reliefstäbchen hinter der Arbeit liegend gehäkelt, ergibt sich ein Muster, dessen Vorderseite gerippt (Foto links) und dessen Rückseite glatt ist (Foto rechts).

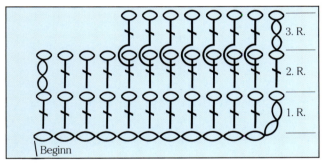

**Die Symbolschrift zeigt die Maschen, wie sie gearbeitet werden, nicht, wie sie auf der rechten Seite erscheinen!**

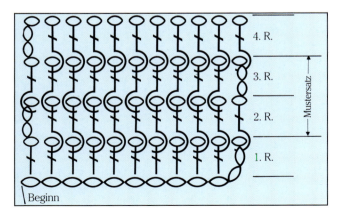

# Maschen

## Jacke und Top
Größe 38/40

**Material**
Mercerisiertes Baumwollgarn, Lauflänge etwa 50 g = 265 m; Häkelnadel Nr. 2.

**Materialverbrauch**
750 g

### Jacke

**Maschenprobe**
48 Maschen und 14 Reihen = 10 x 10 cm

**Anschlag**
Rückenteil 229 Luftmaschen.

**Anschlag**
Vorderteil 115 Luftmaschen.

**Anschlag**
Ärmel 97 Luftmaschen.

**Anleitung**
Alle Teile nach Schnitt und Symbolzeichnung häkeln, von links leicht spannen und dämpfen. Alle Nähte schließen und die Ärmel 4,5 cm breit umschlagen.
Den Halsausschnitt umhäkeln mit *1 Doppelstäbchen, 1 Luftmasche*. Eine 100 cm lange Kordel drehen und durchziehen. Alle anderen Kanten umhäkeln mit *1 feste Masche, 1 Luftmasche*.

### Top

**Maschenprobe**
40 Maschen und 22 Reihen = 10 x 10 cm

**Anschlag**
Vorder- und Rückenteil je 177 Luftmaschen.

**Anleitung**
Nach Schnitt und Symbolzeichnung häkeln.
Ab 32 cm Höhe die Abschlußborte arbeiten.
Die fertigen Teile nach Schnitt leicht spannen und dämpfen, die Nähte schließen. Aus festen Maschen 30 cm lange Träger arbeiten und festnähen.

# Maschen

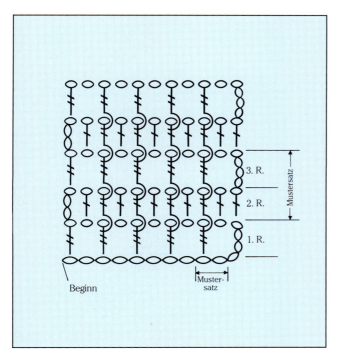
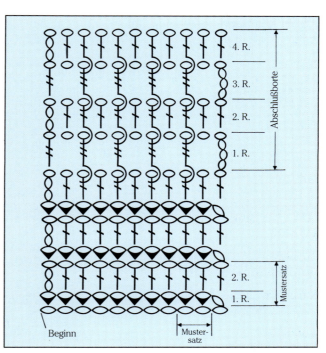
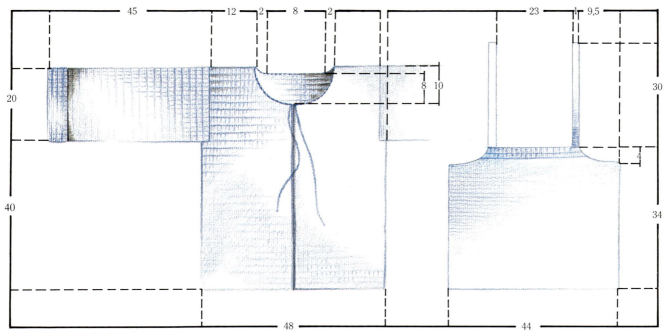

# Gittermuster

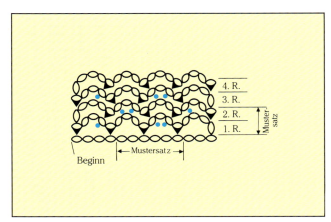

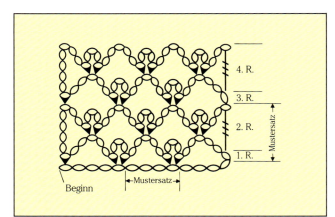

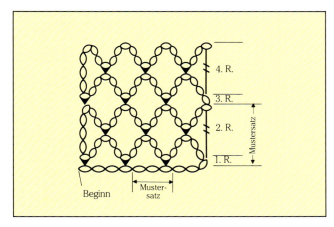

# Gittermuster

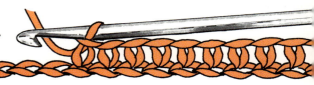

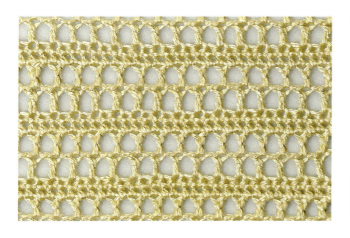
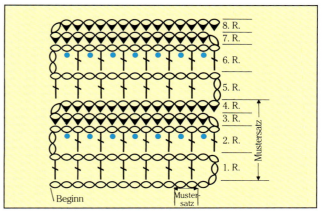

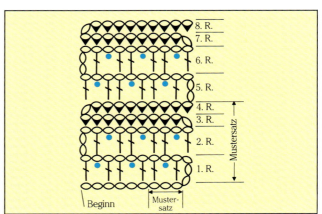

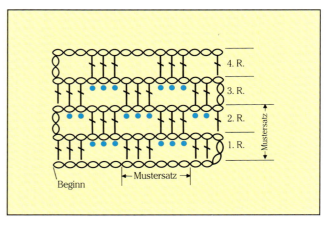

# Gittermuster

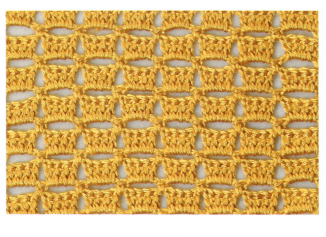
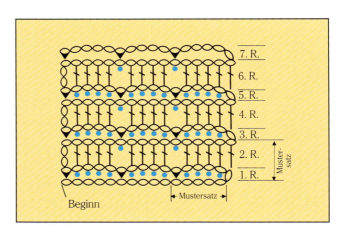

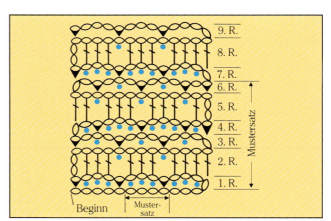

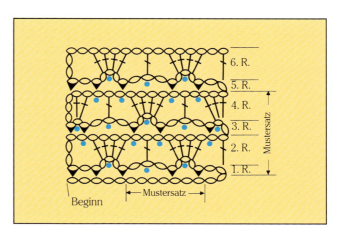

# Gittermuster

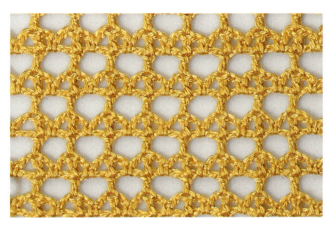
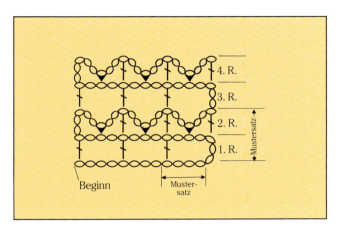

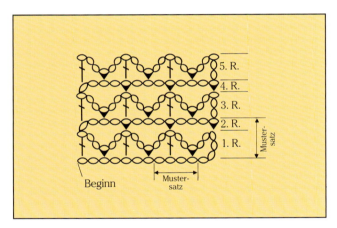

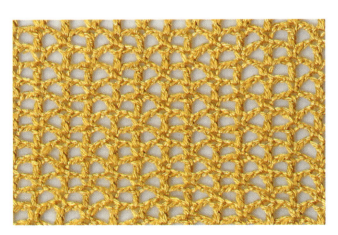
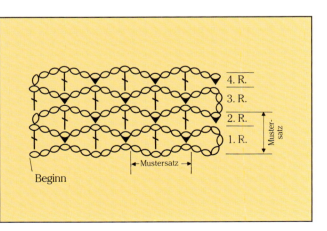

# Einfache Muster

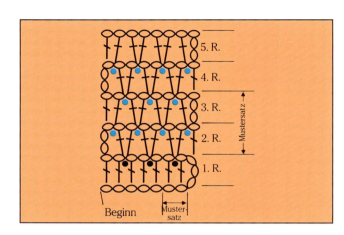

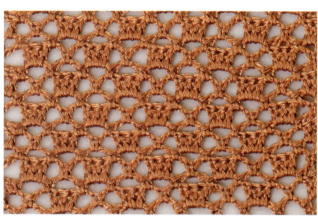
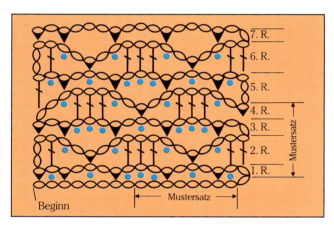

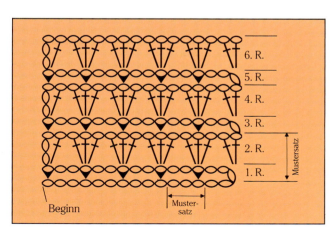

# Einfache Muster

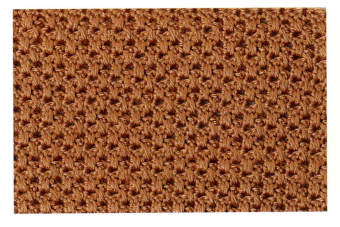
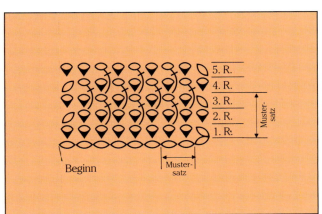

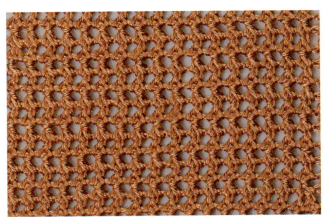
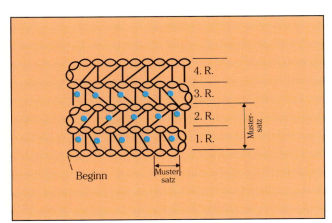

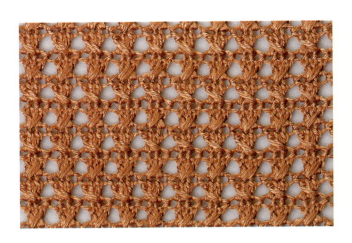
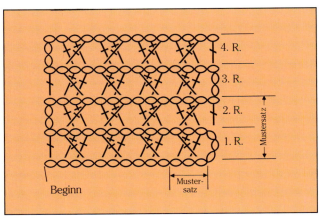

**Einfache Muster**

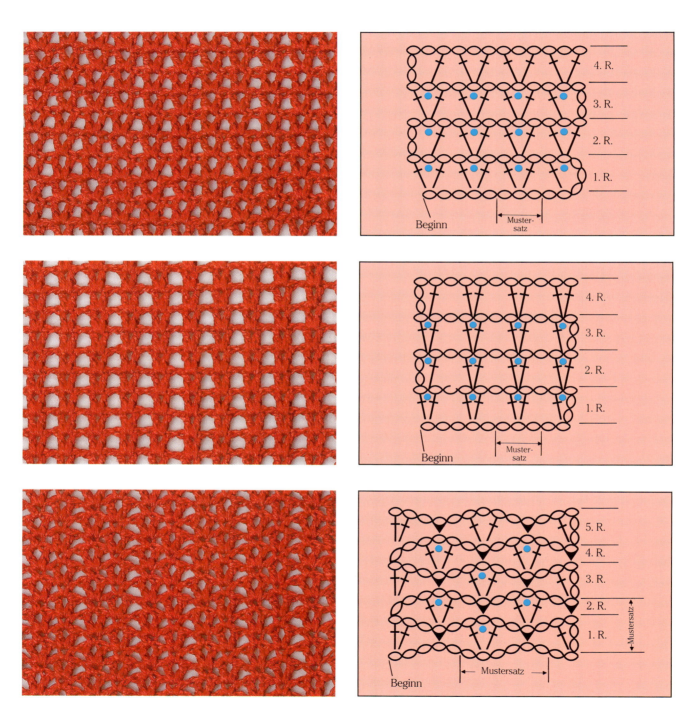

# Einfache Muster

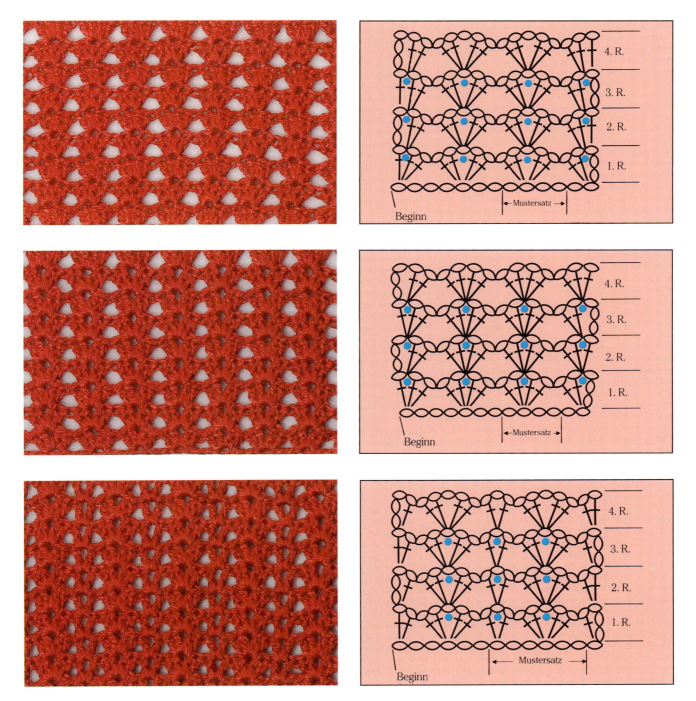

# Muschelmuster

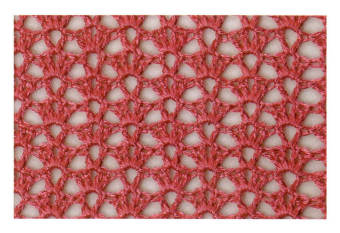
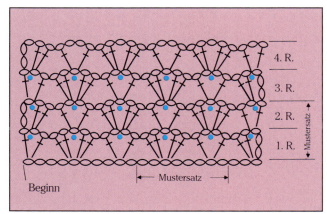

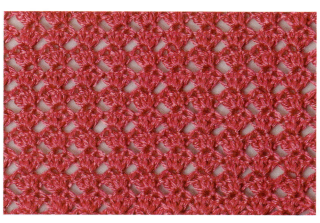
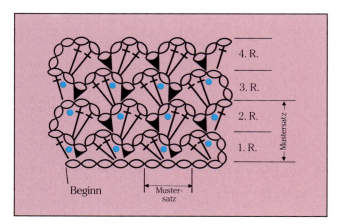

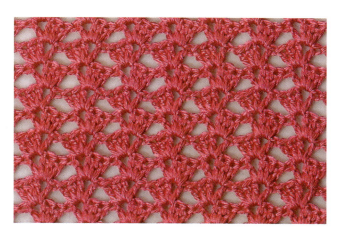
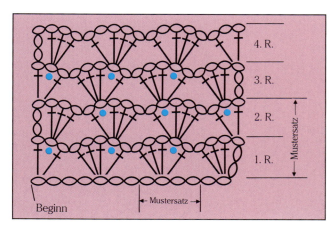

# Muschelmuster

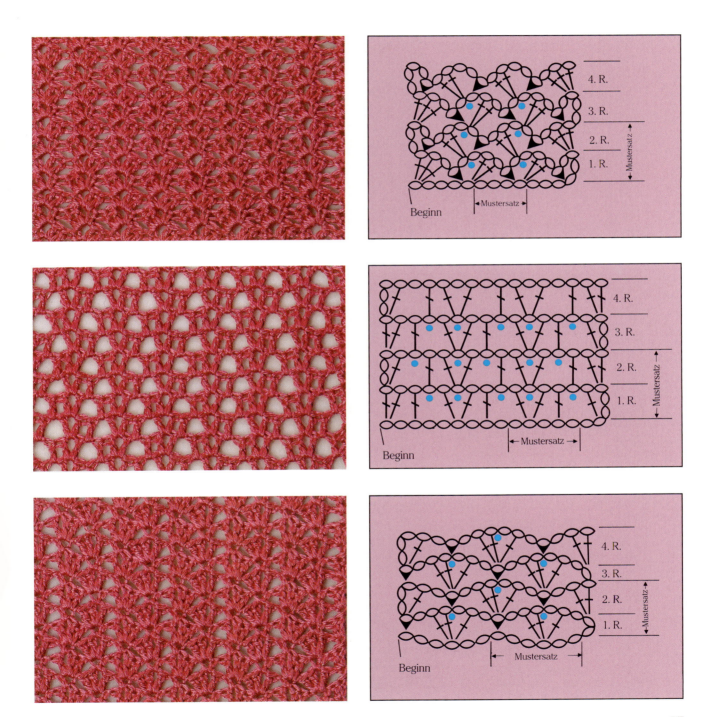

# Muschelmuster

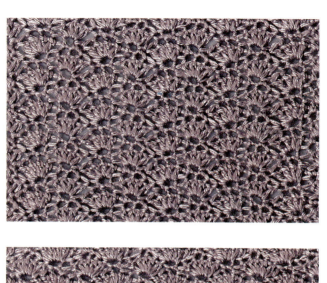
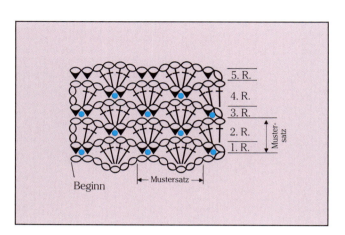

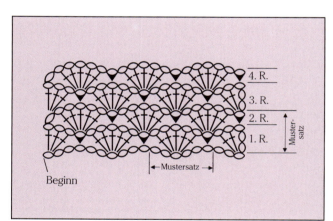

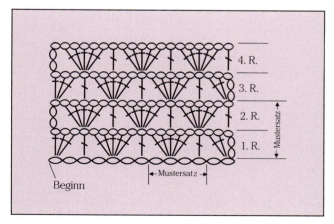

# Muschelmuster

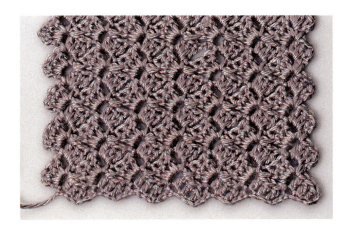
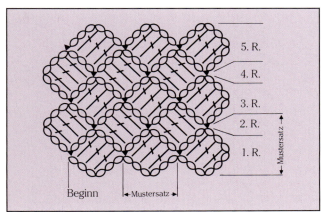

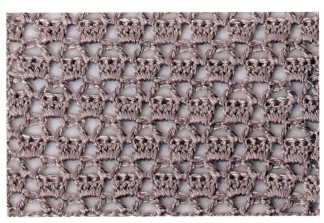
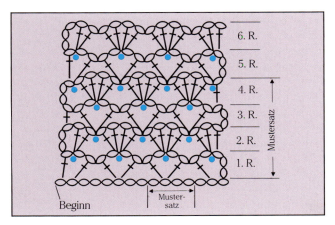

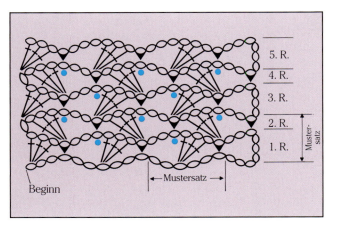

# Fantasiemuster

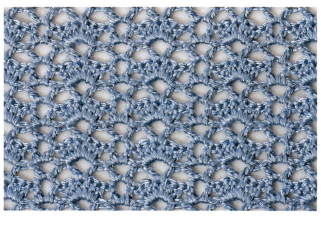
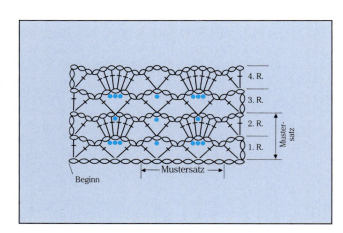

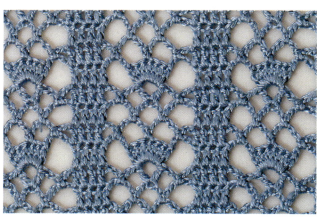
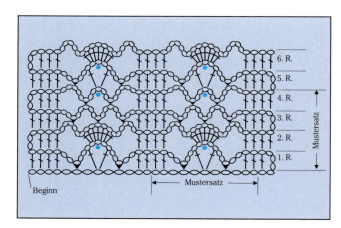

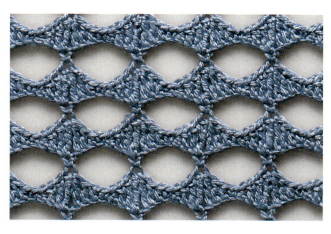
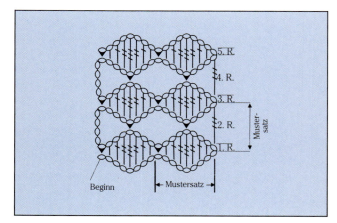

# Fantasiemuster

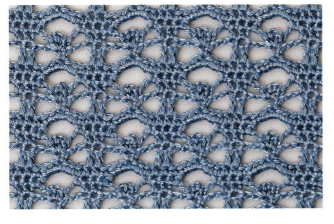
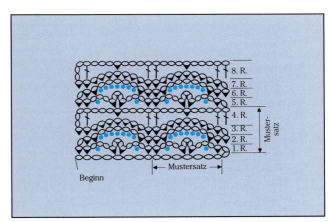

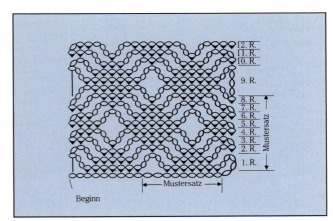

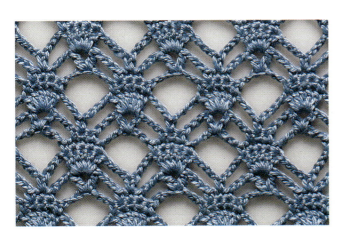
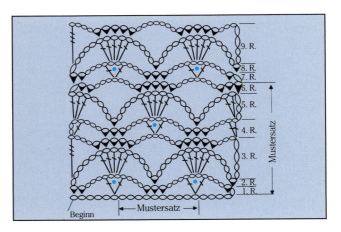

# Fantasiemuster

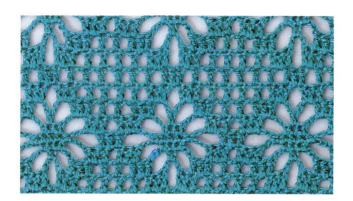

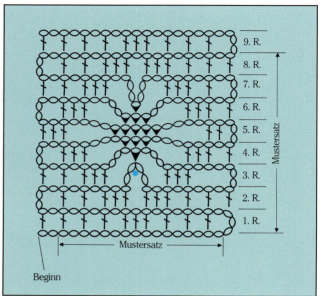

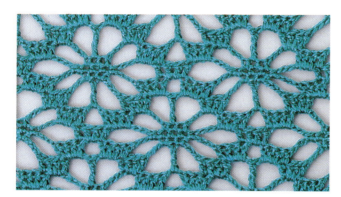

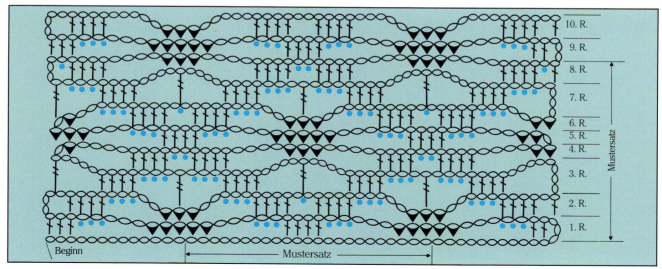

# Fantasiemuster

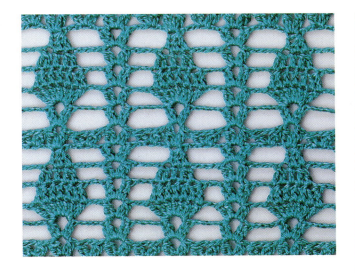
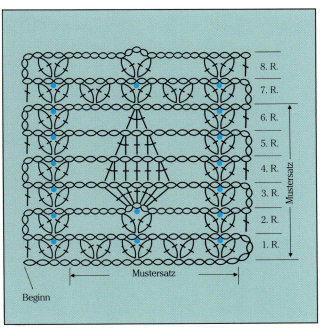

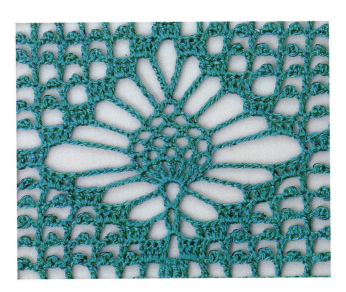
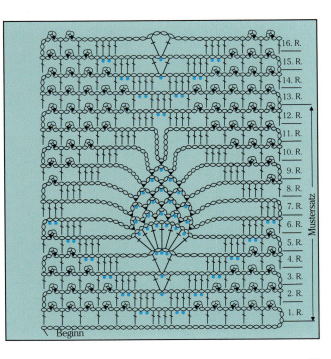

# Reliefmuster

 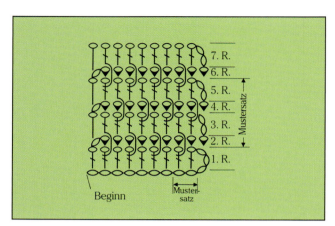

 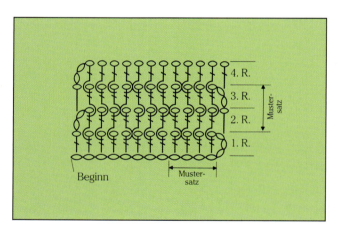

 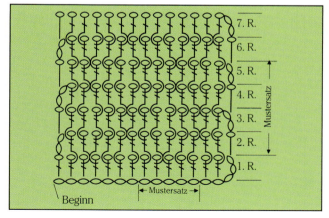

# Reliefmuster

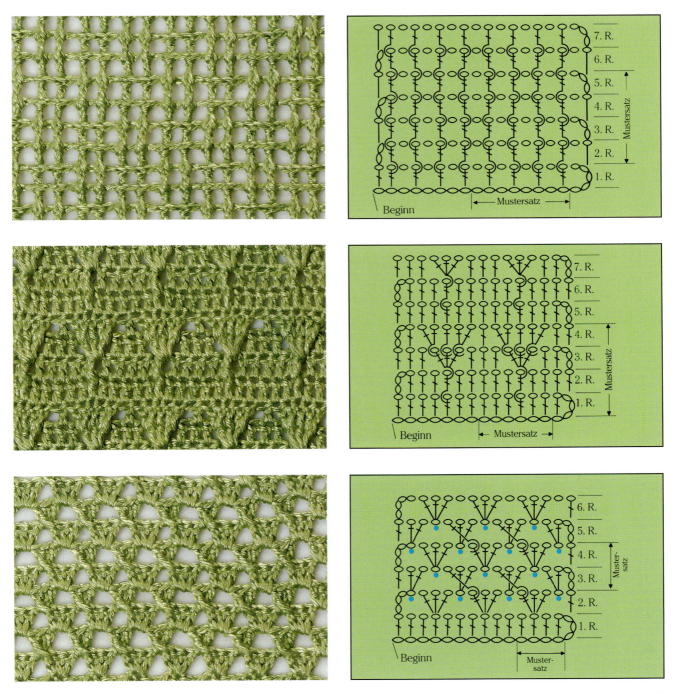

# Mustergruppen

Hier werden Häkelstiche vorgestellt, deren charakteristische Merkmale die Schlingenbildung und das Abmaschen sind. In den Symbolzeichnungen wird dafür jeweils ein eigenes Zeichen verwendet. Da der Mustereffekt auf der rechten Seite liegt, eignen sich diese Häkelstiche besonders für das Arbeiten in Runden. Beim Arbeiten in hin- und hergehenden Reihen besteht die Rückreihe aus bekannten Häkelmaschen.

## Entwicklung des Grätenstiches in Runden

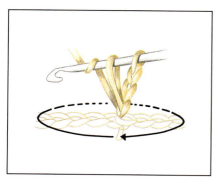

**1** Die Anschlagluftmasche mit einer Kettmasche in die 1. Luftmasche zum Ring schließen. 3 Luftmaschen häkeln, in die 1. Luftmasche einstechen, den Faden umschlagen und durchziehen, den Faden erneut umschlagen.

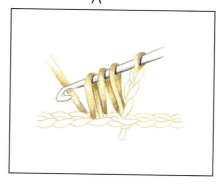

**2** In die nächste Anschlagluftmasche einstechen, den Faden umschlagen und durchziehen. Es sind jetzt 4 Maschenglieder auf der Nadel.

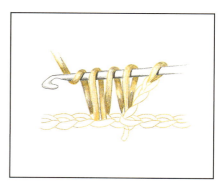

**3** Den Faden umschlagen und durch alle 4 auf der Nadel liegenden Schlingen ziehen.

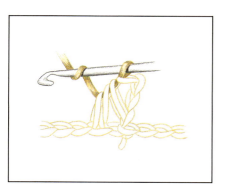

**4** Den Faden umschlagen und durch die auf der Nadel liegende Masche ziehen.

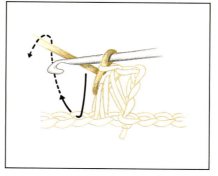

**5** In die nächste Anschlagluftmasche einstechen, den Faden umschlagen, durchziehen usw.

**6** Hier wird die Entwicklung des Grätenstiches am Beginn der 2. Runde gezeigt.

# Mustergruppen

## Grätenstich in Runden gearbeitet

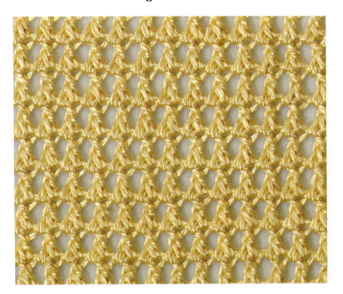

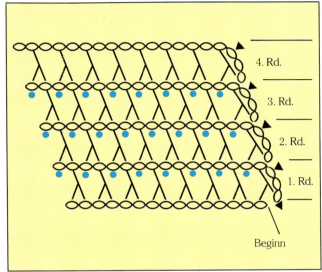

## Muster in Reihen gearbeitet

Die Hinreihe wird aus Grätenstichen gebildet und die Rückreihe aus festen Maschen.

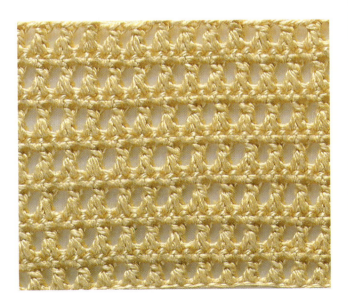

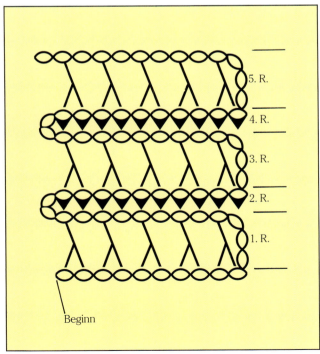

# Mustergruppen

## Entwicklung des einfachen Sternstiches in Runden

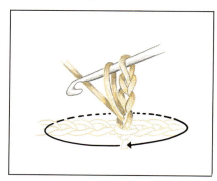

**1** Die Anschlagluftmaschen mit einer Kettmasche in die 1. Luftmasche zum Ring schließen. 3 Luftmaschen häkeln, in die 1. Luftmasche einstechen, den Faden umschlagen und durchziehen.

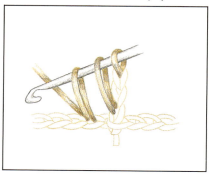

**2** In die nächste Anschlagluftmasche einstechen, den Faden umschlagen und durchziehen.

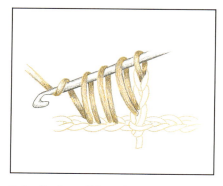

**3** In die darauffolgenden Anschlagluftmaschen einstechen, den Faden umschlagen und durchziehen. Es liegen jetzt 4 Maschenglieder auf der Nadel. Den Faden umschlagen und durch alle Schlingen ziehen.

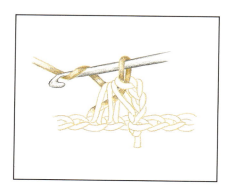

**4** Den Faden erneut umschlagen und durch die auf der Nadel liegende Schlinge ziehen.

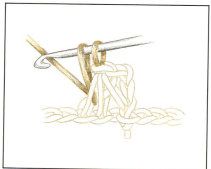

**5** Für den nächsten Stich in das hintere Maschenglied der letzten Schlinge einstechen, den Faden umschlagen und durchziehen. In die nächste Anschlagluftmasche einstechen, den Faden umschlagen und durchziehen usw.

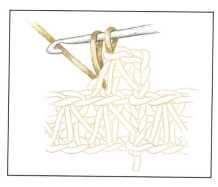

**6** Hier wird der einfache Sternstich am Beginn der 2. Runde gezeigt.

# Mustergruppen

## Einfacher Sternstich in Runden gearbeitet

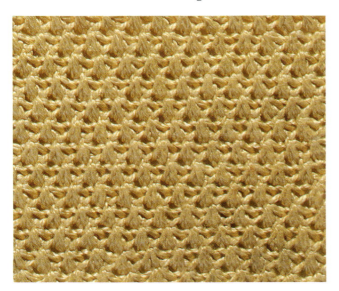
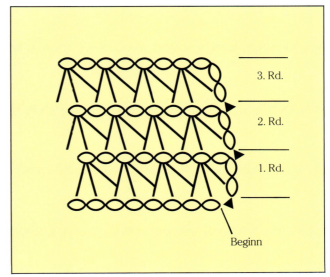

## Muster in Reihen gearbeitet

Die Hinreihe wird aus einfachen Sternstichen gebildet, und die Rückreihe aus Stäbchen.

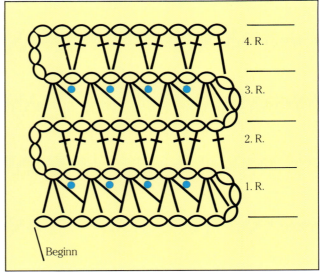

## Mustergruppen

### Entwicklung des Sternstiches in Runden

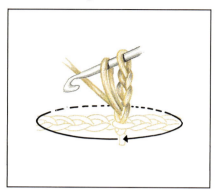

**1** Die Anschlagluftmasche mit 1 Kettmasche in die 1. Luftmasche zum Ring schließen. 3 Luftmaschen häkeln, in die 1. Luftmasche einstechen, den Faden umschlagen und durchziehen.

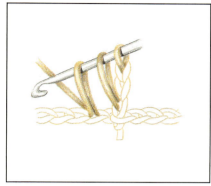

**2** In die nächste Anschlagluftmasche einstechen, den Faden umschlagen und durchziehen.

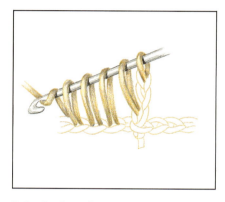

**3** In die darauffolgenden beiden Anschlagluftmaschen einstechen und jeweils eine Schlinge holen. Es liegen jetzt 5 Maschenglieder auf der Nadel. Den Faden umschlagen und durch alle Schlingen ziehen.

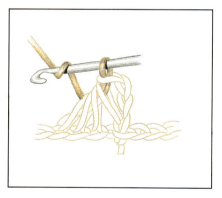

**4** Den Faden erneut umschlagen und durch die auf der Nadel liegende Masche ziehen.

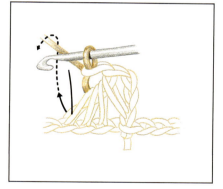

**5** Für den nächsten Sternstich in das hintere Maschenglied der letzten Schlinge einstechen, den Faden umschlagen und durchziehen. In die nächste Anschlagluftmasche einstechen, den Faden umschlagen und durchziehen, in die nächsten beiden Luftmaschen einstechen usw.

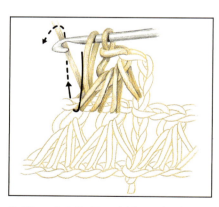

**6** Hier wird die Entwicklung des Sternstiches am Beginn der 2. Runde gezeigt.

# Mustergruppen

## Sternstich in Runden gearbeitet

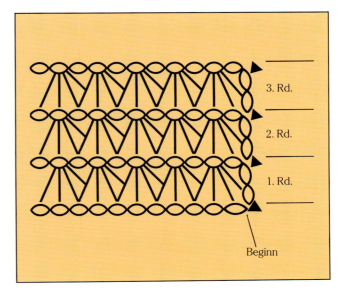

## Muster in Reihen gearbeitet

Die Hinreihe wird aus Sternstichen gebildet und die Rückreihe aus festen Maschen.

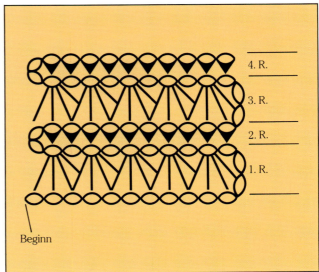

# Mustergruppen

## Entwicklung des Fächerstiches in Runden

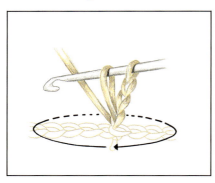

**1** Die Anschlagluftmaschen mit 1 Kettmasche in die 1. Luftmasche zum Ring schließen. 3 Luftmaschen in die 1. Luftmasche einstechen, den Faden umschlagen und durchziehen.

**2** In die nächste Anschlagluftmasche einstechen, den Faden umschlagen und durchziehen.

**3** In die darauffolgende Anschlagluftmasche einstechen, den Faden umschlagen und durchziehen. Es liegen jetzt 4 Maschenglieder auf der Nadel. Den Faden umschlagen und durch alle Schlingen ziehen.

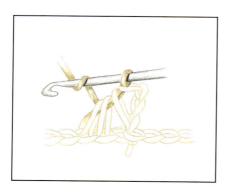

**4** Den Faden erneut umschlagen und durch die auf der Nadel liegende Masche ziehen.

**5** Den Faden umschlagen und durch die auf der Nadel liegende Masche ziehen. Für den nächsten Fächerstich aus den folgenden 3 Anschlagluftmaschen je 1 Schlinge holen usw.

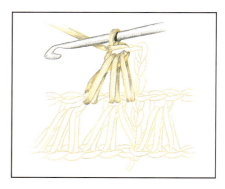

**6** Hier wird die Entwicklung des Fächerstiches am Beginn der 2. Runde gezeigt.

## Mustergruppen

### Fächerstich in Runden gearbeitet

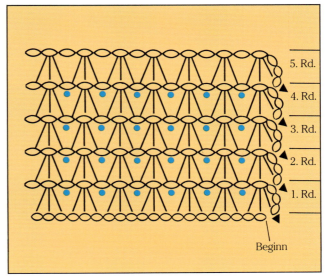

### Muster in Reihen gearbeitet
Die Hinreihe wird aus Fächerstichen gebildet und die Rückreihe aus festen Maschen.

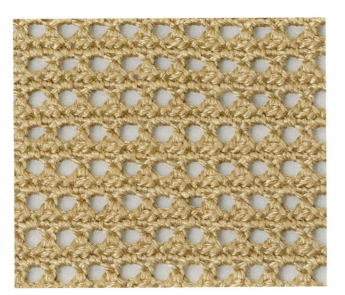
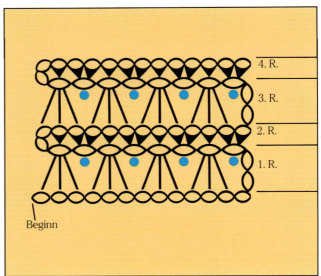

# Muster

## Schultertuch
Breite ca. 220 cm

**Material:**
Hübner Wolle, Qual. Cashgora, Lauflänge 20 g = 110 m; Farbe 16, 300 g; Häkelnadel Nr. 3.

**Anleitung:**
An der Spitze des Tuches beginnen und nach der Musterzeichnung häkeln. Das Karomuster entsteht durch Gruppen von Doppelstäbchen, die in jeder 2. Reihe versetzt gearbeitet werden. Jeweils in der 11., 21., 31., 41. Reihe usw. an den äußeren Rändern mit dem Karo beginnen. Auf diese Weise bis zur 139. Reihe häkeln, die beiden Abschlußreihen nach der Zeichnung arbeiten.

Das fertige Tuch leicht spannen, mit feuchten Tüchern bedecken und trocknen lassen.

50 cm lange Fransen zuschneiden und je 8 Fäden in die Luftmaschen beziehungsweise Stäbchen an den Seiten einknüpfen.

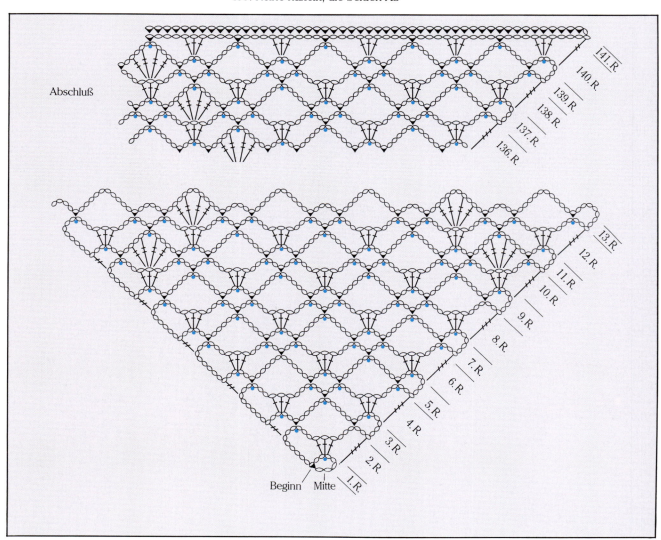

Muster

# Muster

## *Pulli mit Durchbruchmuster*
Größe 40

### *Material*
Mercerisiertes Baumwollgarn,
Lauflänge 50 g = 265 m,
Farbe Flieder – 350 g;
Stricknadeln Nr. 2,
Rundstricknadel Nr. 2,
Häkelnadel Nr. 2,5.

### *Bündchenmuster*
1 Masche rechts, 1 Masche links.

### *Häkelmuster*
Siehe Symbolzeichnung.

### *Maschenprobe*
2 Mustersätze in Breite und Höhe =
8 x 8 cm.

### *Anleitung*
*Vorder- und Rückenteil*
Mit den Stricknadeln 135 Maschen anschlagen und im Bündchenmuster 5 cm hoch stricken. Die Maschen abketten. Nach der Schnitt- und Symbolzeichnung weiterhäkeln, dabei in der 1. Reihe zwischen den Stäbchengruppen je 4 Maschen übergehen.

### *Fertigstellung*
Die Teile nach Schnitt leicht spannen und dämpfen (nicht die Bündchen!), die Nähte schließen. Mit der Rundstricknadel am Halsausschnitt und den Ärmelkanten Maschen auffassen und im Bündchenmuster 3 cm hoch stricken, die Maschen abketten.

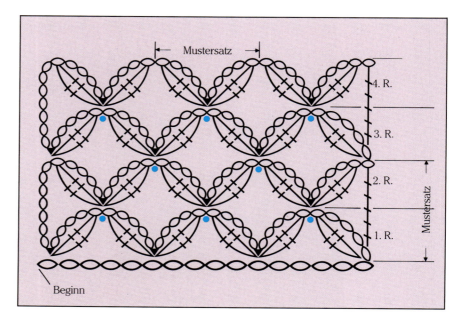

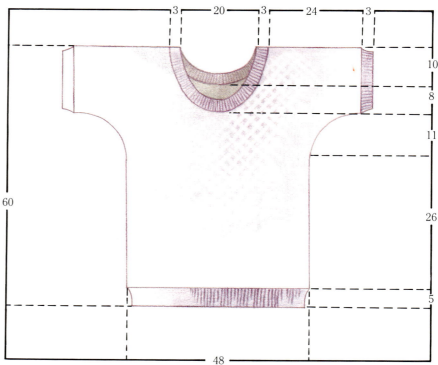

# Muster

# Muster

## Damenpulli
Größe 42

### Material
Baumwoll-Cablé-Garn,
Lauflänge 50 g = 230 m,
Farbe Lindgrün – 450 g;
Stricknadeln Nr. 2,
Häkelnadel Nr. 2,5.

### Bündchenmuster
2 Maschen rechts, 2 Maschen links.

### Häkelmuster
Siehe Symbolzeichnung.

### Maschenprobe
36 Maschen und 30 Reihen = 10 x 10 cm.

### Anleitung
*Vorder- und Rückenteil*
Mit den Stricknadeln 158 Maschen anschlagen und im Bündchenmuster 10 cm hoch stricken. Die Maschen abketten. Mit der Häkelnadel nach der Schnitt- und Symbolzeichnung bis zu Beginn der Armschräge arbeiten.

*Ärmel*
128 Luftmaschen anschlagen. Nach der Schnitt- und Symbolzeichnung ebenfalls bis zu Beginn der Armschräge häkeln. Nun die vier Teile zusammen im Quadrat fertighäkeln. Ausschnittschrägung und Eckbildung siehe Symbolzeichnung.

### Fertigstellung
Den Pulli von links leicht spannen und dämpfen (nicht die Bündchen!), die Seiten- und Ärmelnähte schließen. Mit den Stricknadeln Maschen auffassen, dabei an der Ausschnittspitze beginnen. Im Bündchenmuster 2,5 cm hoch stricken und die Maschen abketten. Das Bündchen an der Spitze übereinanderlegen und festnähen. Die Ärmelkanten mit einer Zackenreihe umhäkeln.

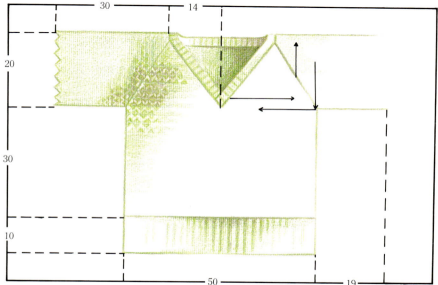

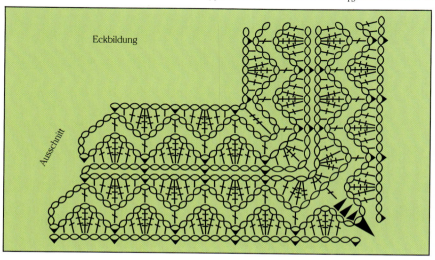

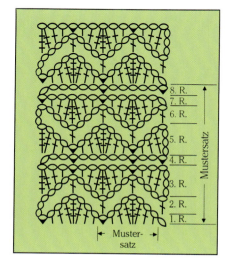

# Muster

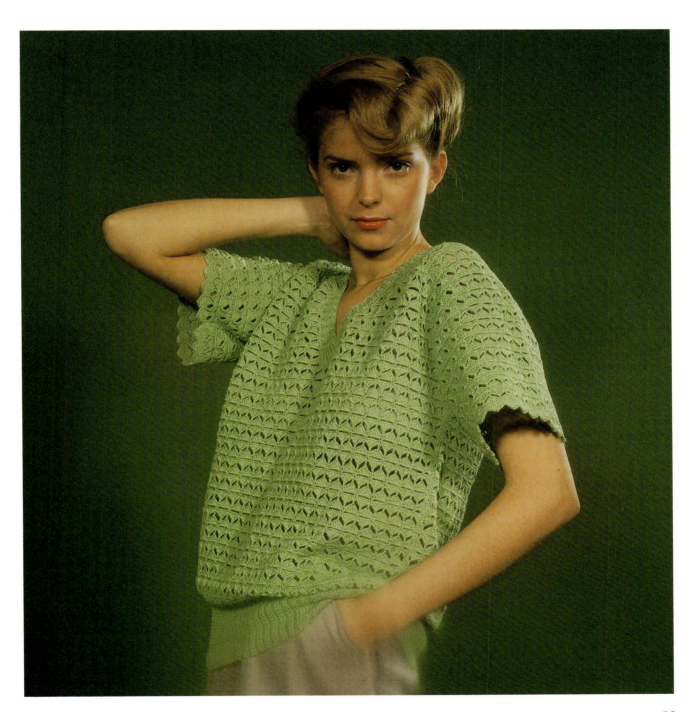

# Muster

## Pulli mit Rückenausschnitt
Größe 38

### Material
Hübner Wolle, Qualität Pampas,
Lauflänge 50 g = 140 m,
Farbe 46 – 600 g;
Stricknadeln Nr. 2,
Rundstricknadel Nr. 2,
Häkelnadel Nr. 3.

### Bündchenmuster
1 Masche rechts, 1 Masche links.

### Häkelmuster
Siehe Symbolzeichnung.

### Maschenprobe
2 Mustersätze in der Breite und 3½ Mustersätze in der Höhe = 10 x 10 cm.

### Anleitung
*Vorder- und Rückenteil*
Mit den Stricknadeln 127 Maschen anschlagen und im Bündchenmuster 7 cm hoch stricken, die Maschen abketten. Mit der Häkelnadel weiterarbeiten, dabei in der 1. Reihe 11 Mustersätze auf das Strickbündchen häkeln. Die Teile nach der Schnitt- und Symbolzeichnung fertigstellen, von links leicht spannen und dämpfen (nicht die Bündchen!).

### Fertigstellung
Die Schulter- und Seitennähte schließen. Am Halsausschnitt mit der Rundstricknadel 161 Maschen auffassen. Im Bündchenmuster 1½ cm hoch stricken, dabei an der hinteren Ausschnittspitze in jeder Runde die mittleren 2 Maschen zusammenstricken. An den Ärmeln je 70 Maschen aufnehmen, im Bündchenmuster 2½ cm hoch stricken und die Maschen abketten.

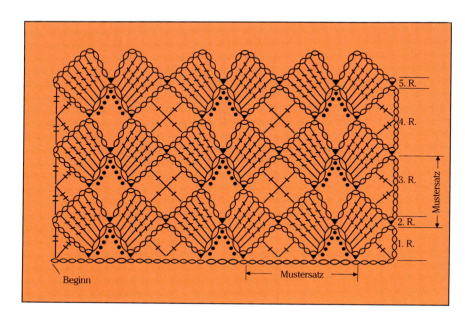

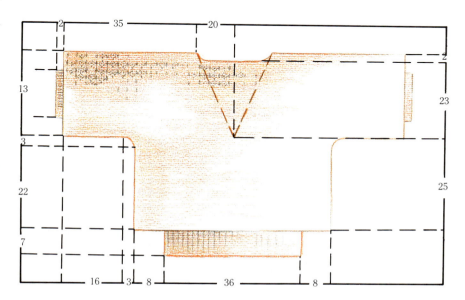

# Muster

# Muster

## Pullover
Größe 38

**Material**
Hübner Wolle, Qualität Clou,
Lauflänge 50 g = 115 m,
Farbe Graphit – 650 g;
Viskose-Bändchen,
Lauflänge 50 g = 100 m,
Farbe Bleu – 200 g;
Stricknadeln Nr. 2,
Häkelnadel Nr. 3.

**Bündchenmuster**
1 Masche rechts, 1 Masche links.

**Häkelmuster**
Siehe Symbolzeichnung.

**Maschenprobe**
2 Mustersätze in Breite und Höhe = 9 x 9 cm.

**Anleitung**
*Vorder- und Rückenteil*
Mit den Stricknadeln 121 Maschen anschlagen und im Bündchenmuster 7 cm hoch stricken, die Maschen abketten. Mit der Häkelnadel weiterarbeiten, dabei in der 1. Reihe 12 Mustersätze auf das Bündchen häkeln. Nach der Schnitt- und Symbolzeichnung arbeiten und nach 33 cm jede Muschelreihe (= 1. und 3. Reihe des Mustersatzes) mit Bändchengarn häkeln.

*Ärmel*
Mit den Stricknadeln 63 Maschen anschlagen und im Bündchenmuster 6 cm hoch stricken, die Maschen abketten. Mit der Häkelnadel weiterarbeiten, dabei in der 1. Reihe 7 Mustersätze auf das Bündchen häkeln. Nach der Schnitt- und Symbolzeichnung arbeiten. Nach 32 cm jede Muschelreihe mit Bändchengarn häkeln.

**Fertigstellung**
Die Teile nach Schnitt leicht spannen und dämpfen (nicht die Bündchen!). Alle Nähte schließen und die Ärmel einsetzen. Um den Halsausschnitt 1 Runde feste Maschen häkeln.

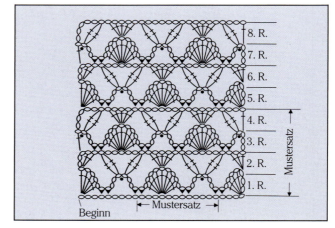

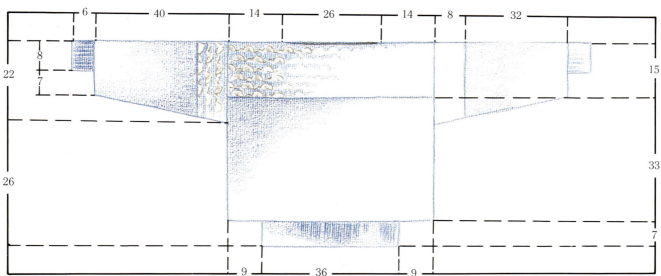

# Muster

# Muster

## Weste
Größe 38

**Material**
Mercerisiertes Baumwollgarn, Lauflänge 50 g = 265 m, Farbe Lindgrün – 250 g; Häkelnadel Nr. 2,5.

**Grundmuster**
Siehe Symbolzeichnung.

**Blüten**
Sie werden um das zuletzt gehäkelte Kreuzstäbchen gearbeitet: 3 Luftmaschen, 2 Stäbchen, um das letzte Glied des Kreuzstäbchens, 3 Luftmaschen, 1 Kettmasche, 3 Luftmaschen, 2 Stäbchen um den Mittelpunkt des Kreuzstäbchens, 3 Luftmaschen, 1 Kettmasche, 3 Luftmaschen, 2 Stäbchen um das 1. Glied des Kreuzstäbchens, 3 Luftmaschen, 1 Kettmasche, 3 Luftmaschen, 2 Stäbchen um die Luftmasche des Kreuzstäbchens, 3 Luftmaschen, 1 Kettmasche.

**Maschenprobe**
44 Maschen und 10 Reihen = 10 x 10 cm.

*Rückenteil*
Anschlag 166 Luftmaschen. Nach der Schnitt- und Symbolzeichnung häkeln, dabei den Mustersatz 6mal arbeiten.

*Vorderteile*
Anschlag 86 Luftmaschen. Nach der Schnitt- und Symbolzeichnung häkeln, dabei den Mustersatz 3mal arbeiten.

**Fertigstellung**
Die Teile nach Schnitt leicht spannen, anfeuchten und trocknen lassen. Nähte schließen. Alle Kanten mit 1 Pikotreihe umhäkeln.

# Muster

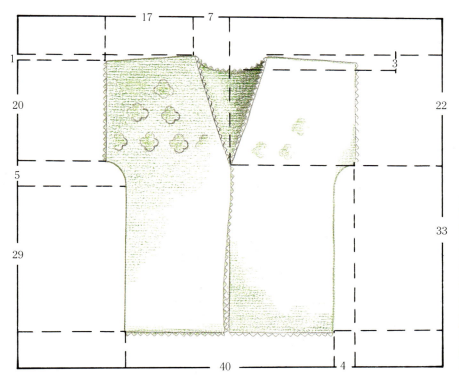

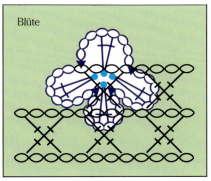

Blüte

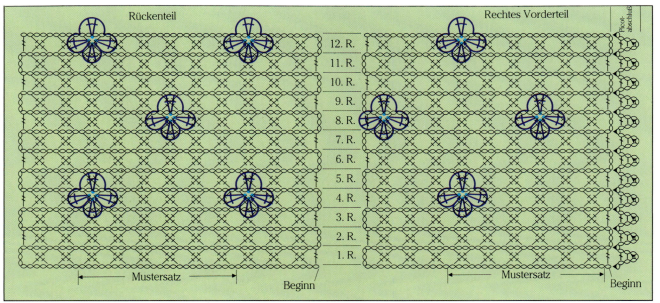

Rückenteil — Rechtes Vorderteil — Picot-abschluß

1. R. – 12. R.

Mustersatz — Beginn

Muster

## Taufkleid mit Mütze
Erstlingsgröße

**Material**
Glanzhäkelgarn Nr. 20,
Lauflänge 10 g = 64 m,
Farbe Weiß – 230 g;
Häkelnadel Nr. 1,25,
Hutgummi,
Schleifenband.

**Grundmuster**
Siehe Symbolzeichnung.

**Blüten**
Sie werden einzeln nach der Symbolzeichnung gehäkelt und dann auf das Kleidchen genäht.

**Maschenprobe**
40 Maschen und 16 Reihen = 10 x 10 cm.

**Anleitung**
Kleid
Anschlag 349 Luftmaschen. Im Grundmuster bis 60 cm Höhe arbeiten. Für die Abnahme zum Passenteil 1 Reihe: *1 Stäbchen auf das Stäbchen und 1 Stäbchen auf das nächste Stäbchen der Vorreihe zusammen abmaschen, 4 Luftmaschen*. Die Passe nach Schnitt fertigstellen.

Ärmel
Anschlag 69 Luftmaschen. Nach der Schnitt- und Symbolzeichnung häkeln.

# Muster

### Fertigstellung
Die Arm- und Schulternähte schließen, die Ärmel einsetzen. Alle Außenkanten mit 1 Reihe Spitzpikots umhäkeln: *1 feste Masche, 4 Luftmaschen, 1 feste Masche in die vorletzte Luftmasche, 1 halbes Stäbchen in die nächste Luftmasche, 1 Stäbchen in die nächste Luftmasche*. 40 Blüten arbeiten, davon 6 um den Halsausschnitt und die restlichen auf dem Rockteil verteilt aufnähen. An den Ärmeln 2 cm vom Rand Hutgummi einziehen. Durch die 1. Reihe der Passe ein Schleifenband ziehen.

### Mütze
Anschlag 109 Luftmaschen. Nach der Schnitt- und Symbolzeichnung häkeln.
Die Kopfnähte schließen und die Vorderkante mit Spitzpikots umhäkeln. Am Halsrand ein Schleifenband durchziehen.

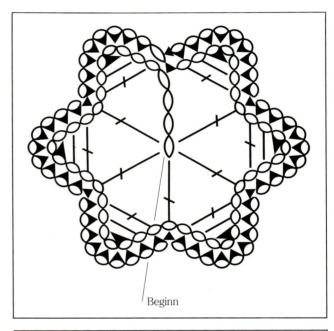

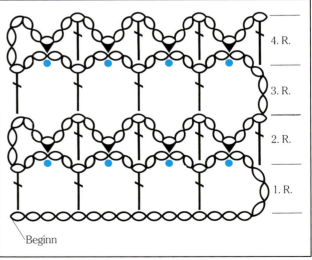

# Muster

## Gardine
90 x 135 cm

### Material
Mercerisiertes Baumwollgarn, Lauflänge 50 g = 265 m, Farbe Weiß – 450 g; Häkelnadel Nr. 2.

### Grundmuster
Siehe Symbolzeichnung. Ein geschlossenes Kästchen entsteht durch je 4 Stäbchen in 2 aufeinanderfolgenden Reihen und ein leeres Kästchen durch 4 Maschen und 2 Reihen im Grundmuster. Der Ausschnitt zeigt die linke untere Ecke der Schemazeichnung (Raster) mit Randspitze.

### Maschenprobe
40 Maschen und 16 Reihen = 10 x 10 cm.

### Anleitung
Anschlag 364 Luftmaschen. Die Gardine nach der Muster- und Schemazeichnung häkeln, dabei den Mustersatz in Breite und Höhe je 4mal arbeiten. Die Spitze am unteren Rand nach Zeichnung häkeln und mit Kettmaschen an die Gardine anhängen. Die Ober- und Seitenkanten mit 1 Reihe feste Maschen umhäkeln.

### Fertigstellung
Das fertige Teil leicht spannen, anfeuchten und trocknen lassen.

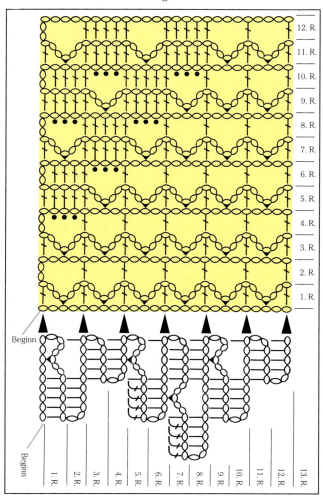

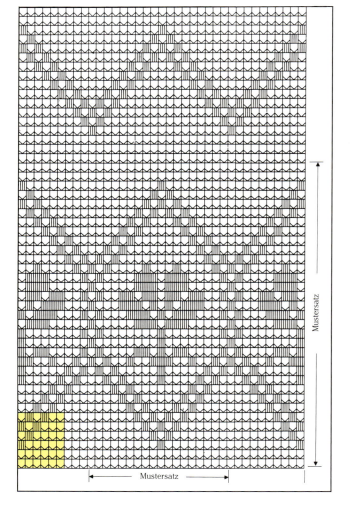

# Muster

# Muster

## Tischläufer
36 x 82 cm

**Material**
Baumwoll-Cablé-Garn,
Lauflänge 50 g = 230 m,
Farbe Ecrú – 150 g;
Häkelnadel Nr. 2,5.

**Maschenprobe**
2 Mustersätze in der Breite und 2½ Mustersätze in der Höhe = 10 x 10 cm.

**Anleitung**
Anschlag 165 Luftmaschen. Den Läufer nach der Zeichnung häkeln, dabei den Mustersatz in der Breite 7mal und in der Höhe 19mal arbeiten. Die Ränder nach der Zeichnung mit festen Maschen und Pikots umhäkeln. Das fertige Teil von links leicht spannen und dämpfen.

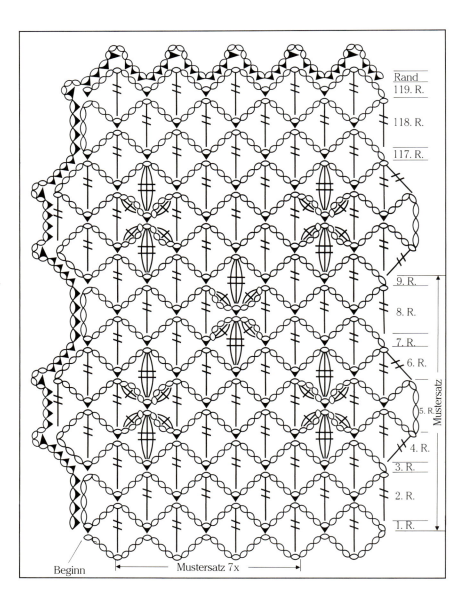

# Muster

# Bunte Muster

**Streifenmuster aus festen Maschen**

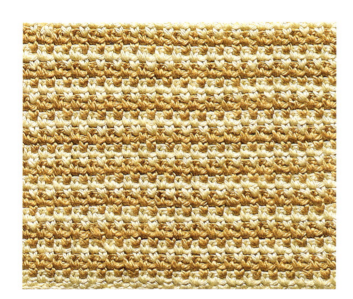

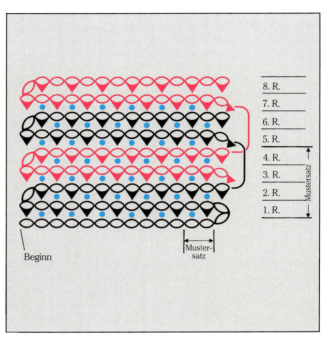

**Wellenmuster**

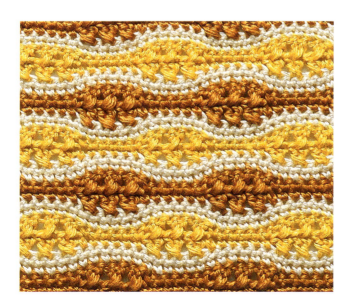

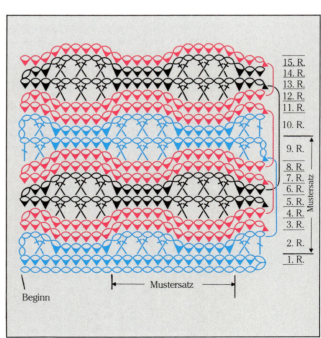

# Bunte Muster

## Karomuster mit tief eingestochenen festen Maschen

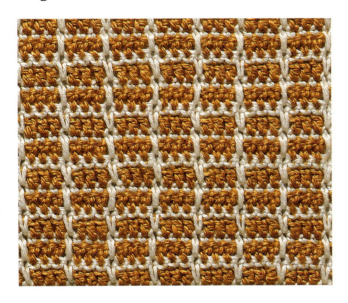

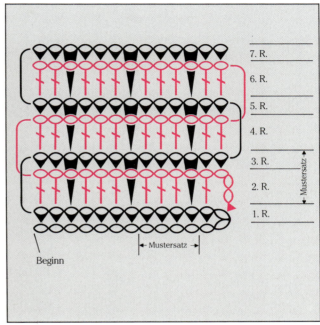

## Versetzte Dreiecke mit tief eingestochenen festen Maschen

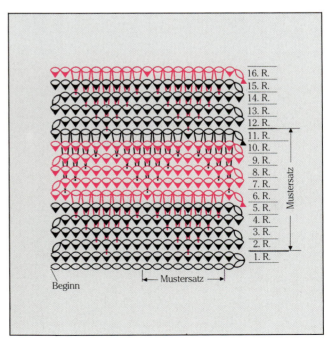

**Bunte Muster**

**Muster mit ineinandergesetzten Dreiecken**

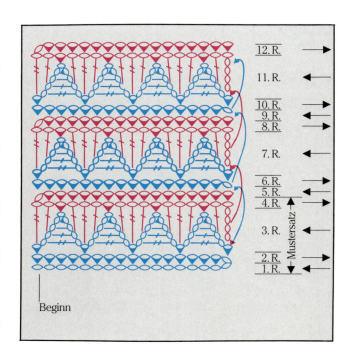

**Zackenmuster**

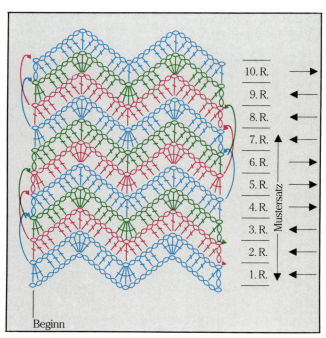

# Bunte Muster

## Durchbruchmuster

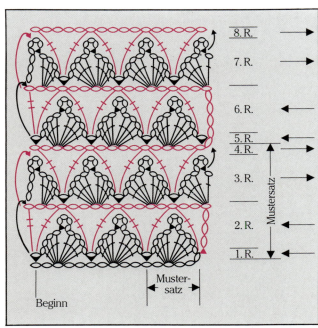

## Muster mit tief eingestochenen Stäbchen

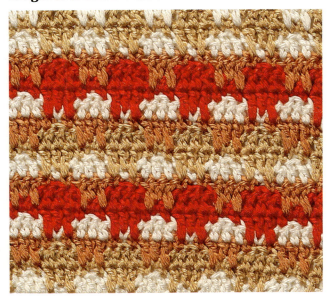

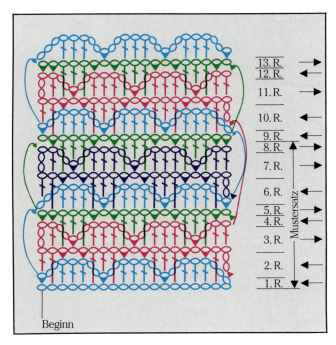

**Bunte Muster**

## Herzmuster

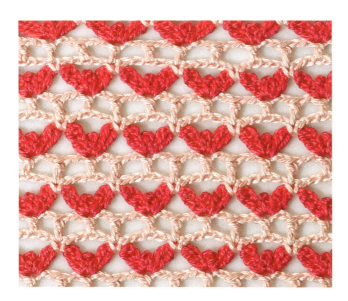
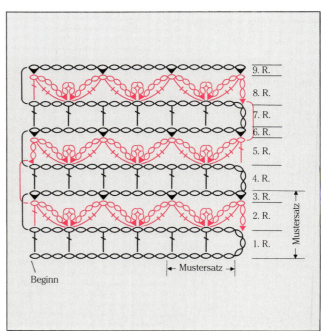

## Margaritenmuster

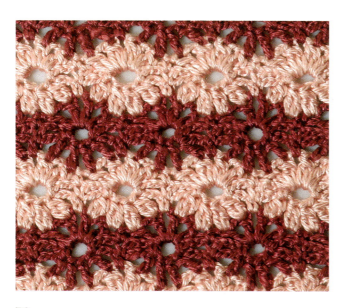
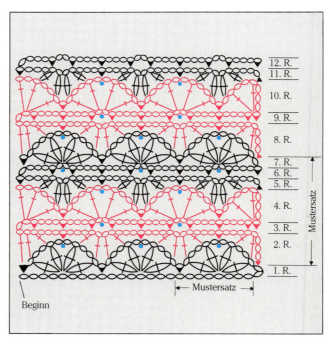

# Bunte Muster

## Durchbruchmuster mit tief eingestochenen Stäbchen

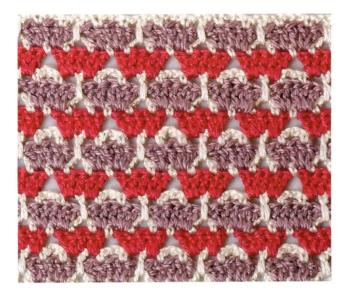

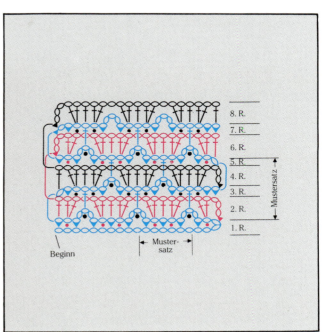

## Buntes Muschelmuster

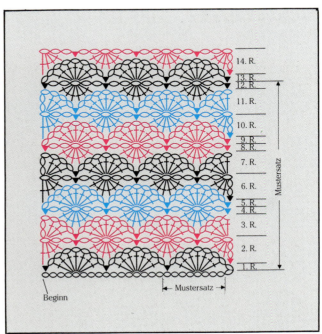

# Bunte Muster

## Offenes Noppenmuster

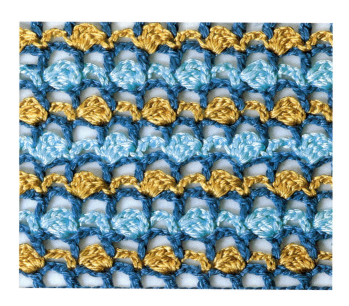
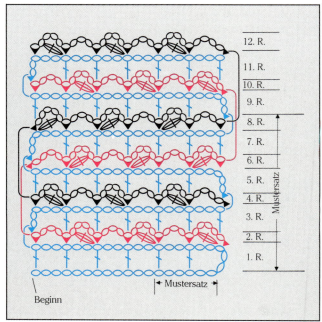

## Streifenmuster mit Noppen aus Reliefstäbchen

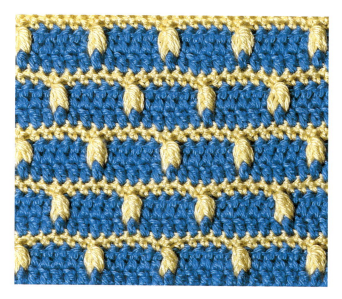
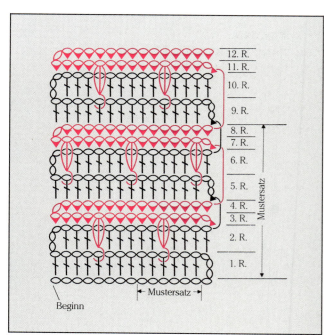

# Bunte Muster

## Fantasiemuster mit tief eingestochenen Stäbchen

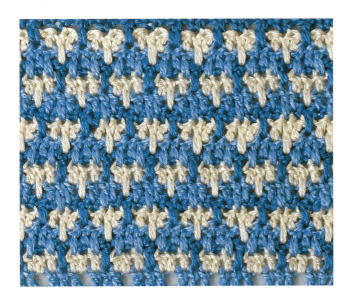

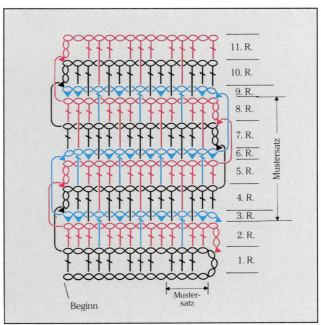

## Würfelmuster mit tief eingestochenen Stäbchen

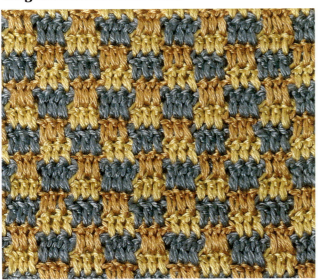

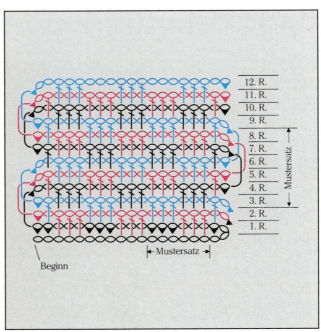

**Bunte Muster**

## Ombrémuster mit Reliefstäbchen

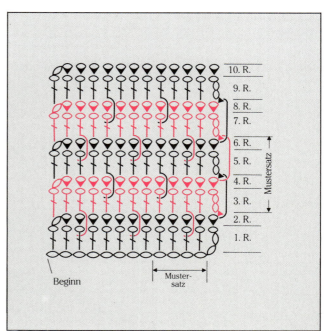

## Treppenmuster

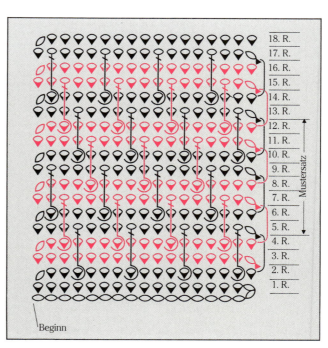

# Bunte Muster

## Geschlossenes Noppenmuster

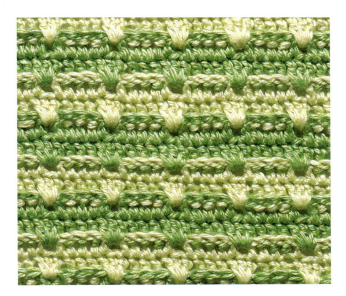

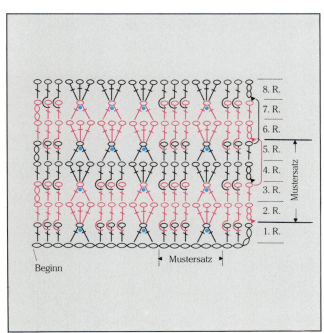

## Würfelmuster mit Reliefstäbchen

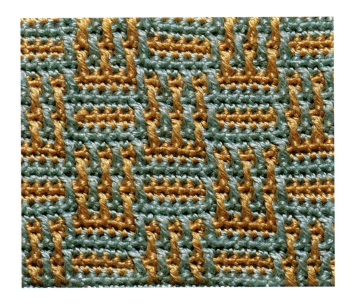

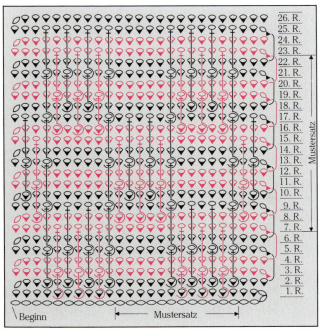

# Bunte Muster

## Kinderdecke
etwa 75 x 75 cm

**Material**
Baumwoll-Cablé-Garn,
Lauflänge 50 g = 230 m,
Farbe Weiß – 300 g;
Farbe Flieder und Blau – je 150 g;
Häkelnadel Nr. 2,5.

**Muster**
Siehe Symbolzeichnung.

**Maschenprobe**
33 Maschen und 40 Reihen =
10 x 10 cm.

**Farbfolge**
2 Reihen flieder,
2 Reihen weiß,
2 Reihen flieder,
2 Reihen weiß,
2 Reihen blau,
2 Reihen weiß,
2 Reihen blau,
2 Reihen weiß.

**Anleitung**
Anschlag 229 Luftmaschen. Nach der Symbolzeichnung und Farbfolge 278 Reihen häkeln. Die Decke mit festen Maschen umhäkeln: 4 Runden in Weiß, 2 Runden in Blau, 2 Runden in Weiß, 2 Runden in Flieder. Das fertige Teil von links nach Maß spannen, anfeuchten und trocknen lassen.

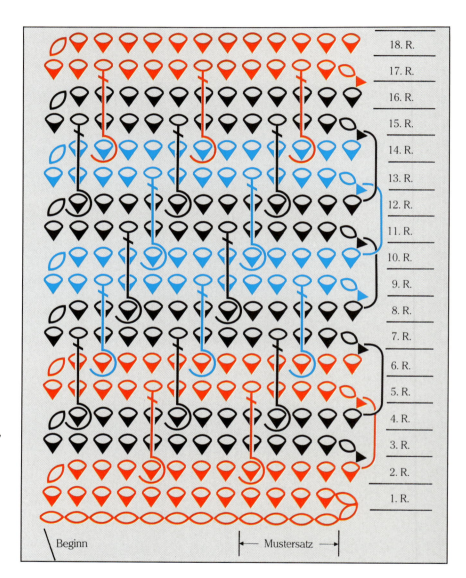

# Bunte Muster

# Bunte Muster

## Babygarnitur
Erstlingsgröße

### Material
Mercerisiertes Baumwollgarn, Lauflänge 50 g = 153 m, Farbe Türkis, Eisgrün, Weiß – je 50 g; Häkelnadel Nr. 3.

### Muster
Siehe Symbolzeichnung.

### Maschenprobe (Passenmuster)
9 Maschen und 6 Reihen = 5 x 5 cm.

### Farbfolge des Muschelmusters
2 Reihen eisgrün,
2 Reihen weiß,
2 Reihen türkis.

### Anleitung
Die Jacke wird am Halsausschnitt begonnen!

### Passe
Mit der Farbe Türkis arbeiten. Anschlag 50 Luftmaschen. Im Passenmuster häkeln, dabei in die 10., 19., 32. und 41. Anschlagluftmasche je eine Eckgruppe arbeiten. Nach der Zeichnung insgesamt 6 Reihen häkeln.

### Ärmel
Über die Seitenkanten der Passe je 16 Reihen im Muschelmuster nach Farbfolge arbeiten.

### Rücken- und Vorderteile
An der offenen Kante des rechten Vorderteiles beginnen und über alle unbehäkelten Maschen der letzten Passenreihe arbeiten. Im Muschelmuster nach der Farbfolge 21 Reihen häkeln.

### Fertigstellung
In Weiß um den Halsausschnitt 1 Reihe: 1 Stäbchen, 1 Luftmasche, 1 Masche übergehen. Über diese Reihe und um alle Kanten 1 Runde Muschelmuster, als Abschluß in Türkis 1 Runde feste Maschen. Die Ärmelnähte schließen, die vorderen Kanten mit 1 Runde feste Maschen in Türkis umhäkeln. Eine 60 cm lange Kordel drehen und durch die Stäbchenreihe am Halsrand ziehen.

### Mütze
Anschlag 14 Luftmaschen. In der Farbe Türkis arbeiten. Im Passenmuster 11 Reihen arbeiten, bei den letzten beiden Reihen am Anfang und Ende je 1 Gabelstäbchen unbehäkelt lassen. Mit dem Muschelmuster an der rechten unteren Ecke beginnen und über die Spitze zur linken Ecke arbeiten. Nach der Farbfolge 16 Reihen häkeln. Um den Halsausschnitt 1 Reihe: 1 Stäbchen, 1 Luftmasche, 1 Masche übergehen. Als Abschluß um alle Kanten 1 Reihe feste Maschen in Türkis. Eine 60 cm lange Kordel drehen und durch die Stäbchenreihe am Halsrand ziehen.

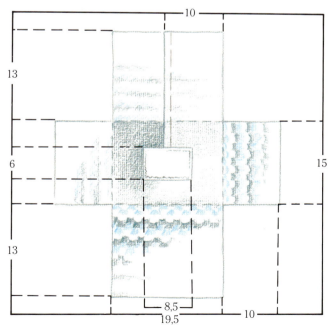

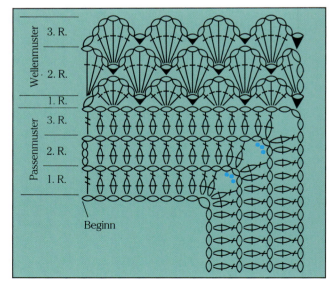

# Bunte Muster

# Noppen

## Noppen aus Luftmaschen

**Grund**
Feste Maschen.

**Noppe**
1 feste Masche, 5 Luftmaschen (A),
1 feste Masche in die nächste Masche der Vorreihe (B, C).

Abb. A

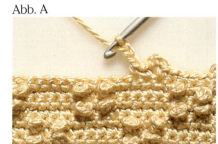

Abb. B

Abb. C

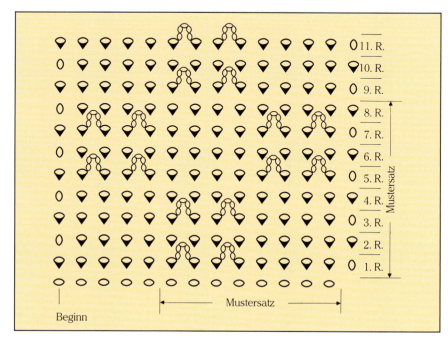

# Noppen

**Grund**
Feste Maschen.

**Noppe**
1 feste Masche, in die nächste Masche einstechen, den Faden umschlagen und durchziehen (A).
Auf diese Schlinge 3 Luftmaschen arbeiten, den Faden umschlagen (B), durch die Luftmasche und die Schlinge der letzten festen Masche ziehen (C).

Abb. A

Abb. B

Abb. C

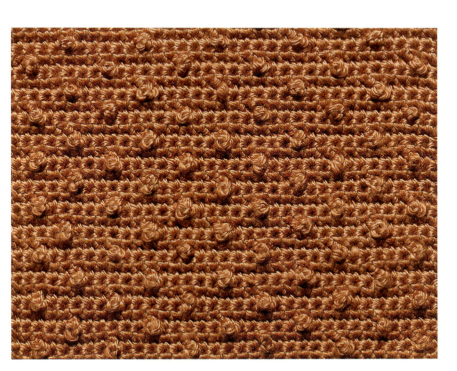

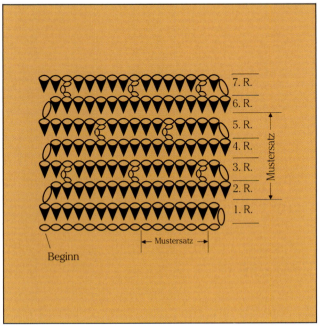

# Noppen

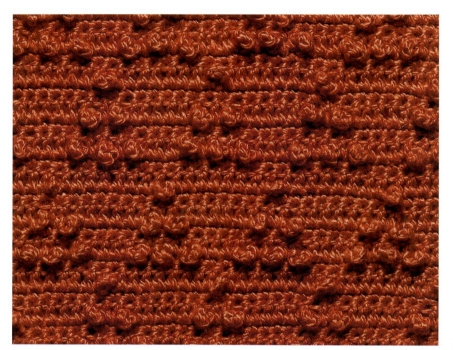

**Grund**
1 Reihe feste Maschen,
1 Reihe Stäbchen.

**Noppe**
1 feste Masche und 6 Luftmaschen häkeln (A).
Zwischen die 2 Abmaschglieder der letzten festen Masche einstechen und den linken senkrechten Maschendraht auffassen, den Faden holen und durchziehen (B).
In das nächste Stäbchen einstechen, den Faden holen und durchziehen, den Faden umschlagen (C) und durch alle 3 Schlingen ziehen, die auf der Nadel liegen.

Abb. A

Abb. B

Abb. C

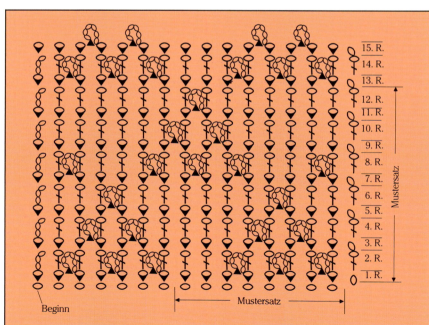

# Noppen

## Noppen aus Stäbchen

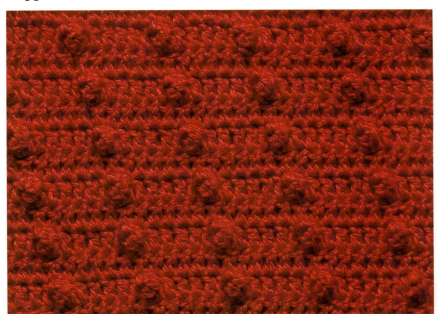

**Grund**
Stäbchen.

**Noppe**
4 Stäbchen in 1 Masche, 1 Luftmasche. Die Nadel aus der Schlinge nehmen und in das 1. Stäbchen von vorne nach hinten in beide Abmaschglieder stechen (A).
Die Schlinge wieder auf die Nadel nehmen, den Faden umschlagen (B) und durch alle Schlingen ziehen (C).

Abb. A
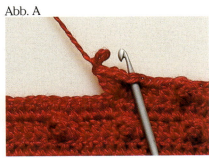

Abb. B

Abb. C

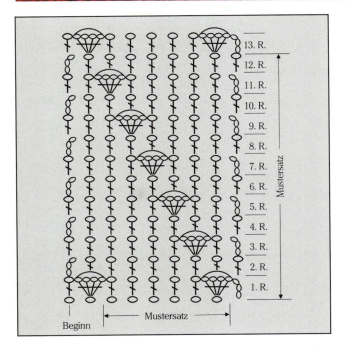

# Noppen

## Noppen aus zusammen abgemaschten Stäbchen

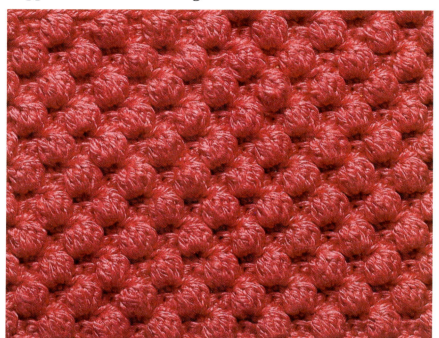

**Grund**
Hinreihe:
feste Maschen, in das hintere Glied eingestochen.
Rückreihe:
feste Maschen, in das vordere Glied eingestochen.

**Noppe**
Den Faden umschlagen, in das vordere Maschenglied der vorletzten Reihe von unten nach oben einstechen, den Faden umschlagen (A) und durchziehen. Den Faden nochmals umschlagen und 2 Schlingen abhäkeln (B). Diesen Vorgang noch 3mal wiederholen; es sind jetzt 5 Schlingen auf der Nadel.
Den Faden umschlagen (C) und durch alle auf der Nadel liegenden Schlingen ziehen.

Abb. A

Abb. B

Abb. C

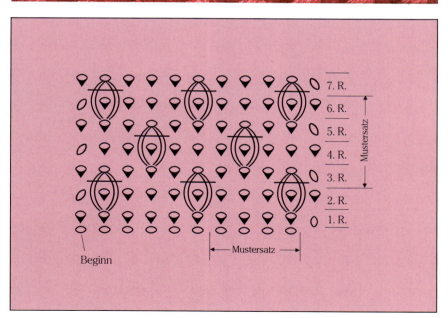

# Noppen

## Noppen aus Büschelstäbchen

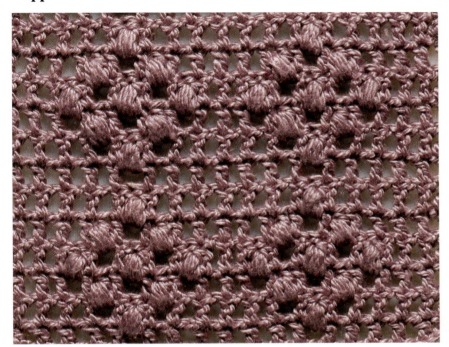

**Gittergrund**
1 Stäbchen, 1 Luftmasche, 1 Masche übergehen.

**Noppe**
Den Faden umschlagen, um die Luftmasche der Vorreihe einstechen, den Faden holen (A) und durchziehen. Diesen Vorgang 3mal wiederholen.
Es sind jetzt 9 Schlingen auf der Nadel.
Den Faden holen (B) und durch 8 Schlingen ziehen.
Den Faden nochmals umschlagen und die restlichen 2 Schlingen abmaschen (C).

Abb. A

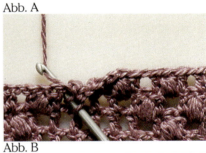

Abb. B

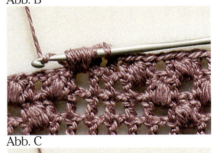

Abb. C

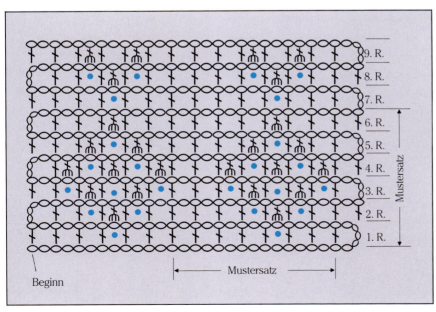

# Noppen

## Noppen aus Relief-Büschel-Stäbchen

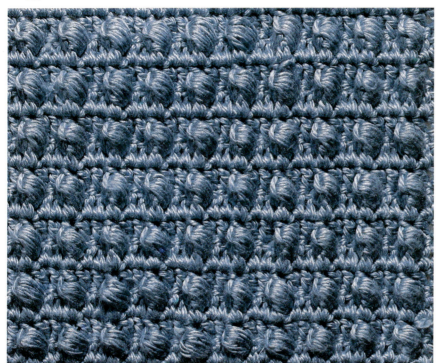

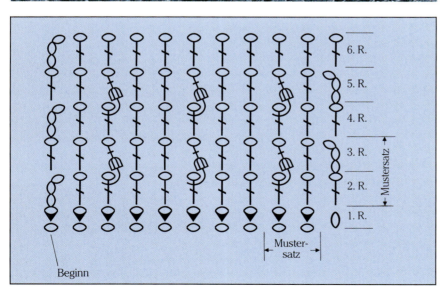

**Grund**
Stäbchen.

**Noppe**
Den Faden umschlagen und von rechts nach links um das Stäbchen der Vorreihe stechen, den Faden holen (A) und durchziehen. Diesen Vorgang 3mal wiederholen.
Es sind jetzt 9 Schlingen auf der Nadel.
Den Faden umschlagen (B) und durch 8 Schlingen ziehen.
Den Faden umschlagen und durch die restlichen 2 Schlingen ziehen (C).

Abb. A

Abb. B

Abb. C

# Noppen

## Noppen um ein Stäbchen

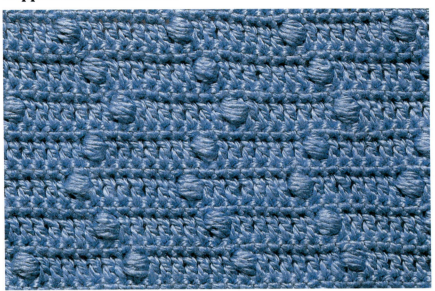

**Grund**
Stäbchen.

**Noppe**
1 Stäbchen nur halb abmaschen, so daß noch 2 Schlingen auf der Nadel liegen. Mit 1 Umschlag um dieses Stäbchen stechen, den Faden holen und durchziehen (A).
Mit je 1 Umschlag noch 3mal um dieses Stäbchen stechen und den Faden durchziehen (B).
Den Faden holen und durch alle Schlingen ziehen, die auf der Nadel liegen. Mit 1 Umschlag das nächste Stäbchen beginnen (C).

Abb. A

Abb. B

Abb. C

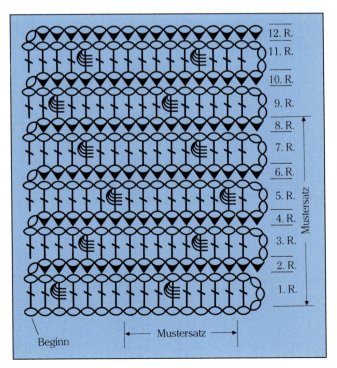

# Noppen

## Noppen um mehrere Stäbchen

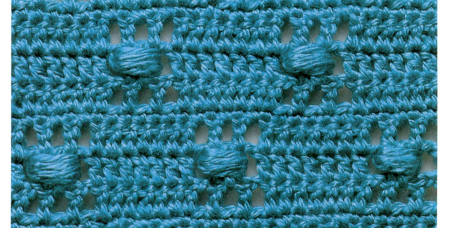

**Grund**
Stäbchen.

**Noppe**
3 Stäbchen arbeiten, dabei das letzte Stäbchen nur halb abmaschen. Den Faden umschlagen (A), um die Stäbchengruppe stechen und den Faden durchziehen (B). Noch 3mal mit je 1 Umschlag um die Gruppe stechen und den Faden holen. Den Faden erneut umschlagen (C) und durch alle Schlingen ziehen, die auf der Nadel liegen.
Mit 1 Umschlag das nächste Stäbchen beginnen (D).

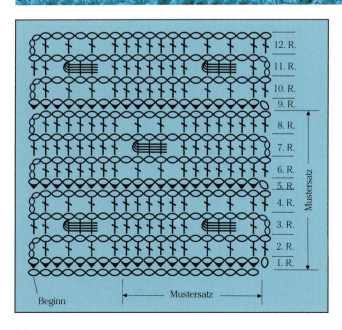

Abb. A

Abb. B

Abb. C

Abb. D

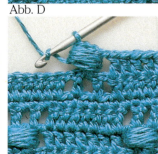

# Noppen

**Grund**
Stäbchen.

**Noppe**
1 Stäbchen und 1 Doppelstäbchen zusammen abmaschen, 3 Luftmaschen (A). Um das Doppelstäbchen 2 Stäbchen häkeln, dabei das 2. Stäbchen nur halb abmaschen (B). Um diese beiden Stäbchen 4mal mit je 1 Umschlag stechen und den Faden durchziehen.
Den Faden erneut umschlagen (C) und durch alle Schlingen ziehen, die auf der Nadel liegen.
Hier ist bereits das nächste Stäbchen gearbeitet (D).

Abb. A
Abb. B

Abb. C
Abb. D

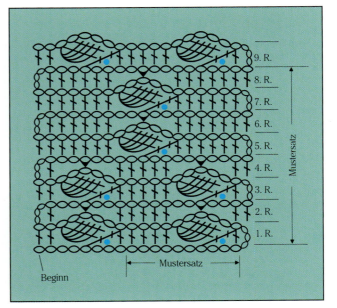

95

# Tunesische Häkelei

Die tunesische Häkelei wird mit einer langen Häkelnadel stets auf einer Seite gearbeitet, ohne die Arbeit zu wenden.

Jede Reihe besteht aus 2 Arbeitsgängen: In der Hinreihe werden von rechts nach links Schlingen aufgenommen

und in der Rückreihe werden diese Schlingen von links nach rechts abgemascht.

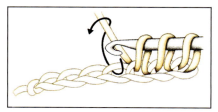
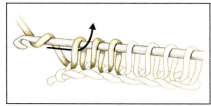
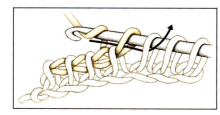

**1. Reihe, Hinreihe**
Bei der 2. Luftmasche von der Nadel aus beginnend in jede Anschlagluftmasche einstechen, den Faden umschlagen und durchziehen. Alle Schlingen bleiben auf der Nadel und sollten gleichmäßig hoch und locker sein.

**1. Reihe, Rückreihe**
Den Faden umschlagen und durch die 1. auf der Nadel liegende Schlinge ziehen. Den Faden umschlagen und durch die letzten beiden auf der Nadel liegenden Schlingen ziehen.

Alle folgenden Schlingen paarweise abmaschen. Alle weiteren Rückreihen werden auf diese Weise gearbeitet.

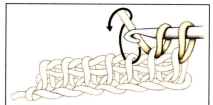
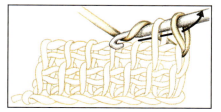
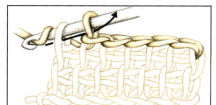

**2. Reihe, Hinreihe**
Durch die gut sichtbaren senkrechten Maschenglieder der Vorreihe stechen, jeweils den Faden umschlagen und als Schlinge auf die Nadel holen. Das 1. Maschenglied ist die Randmasche, sie wird immer übergangen. Die Randmasche am Ende der Reihe wird durch das letzte senkrechte Maschenglied geholt.

**Das Abketten**
Diese Abschlußreihe ist bei jeder tunesischen Häkelarbeit erforderlich. Sie besteht aus Kettmaschen und wird stets als Hinreihe ausgeführt. Durch die 2. senkrechte Schlinge stechen, den Faden umschlagen und durch die 2 auf der Nadel liegenden Schlingen ziehen. Durch die nächste Schlinge stechen usw.

Abschluß aus Kettmaschen.

# Tunesische Häkelei

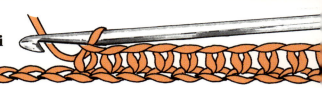

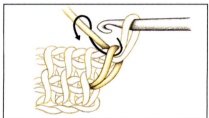

**Das Zunehmen von einer Masche am Anfang der Reihe**
In der Hinreihe wird aus der Randmasche, die man normalerweise übergeht, eine Schlinge geholt.

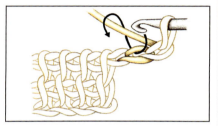

**Das Zunehmen von mehreren Maschen am Anfang der Reihe**
Vor Beginn der Hinreihe werden entsprechend viele Luftmaschen gehäkelt. Aus diesen wird dann die erforderliche Anzahl Schlingen geholt.

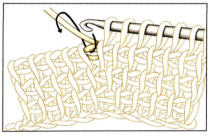

**Das Zunehmen innerhalb der Reihe**
Um eine Masche zuzunehmen, wird in der Hinreihe zwischen zwei senkrechten Maschengliedern in das waagerecht liegende Abmaschglied der Vorreihe eingestochen und eine Schlinge geholt.

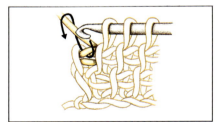

**Das Zunehmen von einer Masche am Ende der Reihe**
Bevor man aus der Randmasche die letzte Schlinge holt, wird durch das obere, waagerecht liegende Abmaschglied der Vorreihe eine Schlinge geholt.

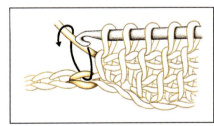

**Das Zunehmen von mehreren Maschen am Ende der Reihe**
Vor Beginn der Arbeit errechnet man die Summe aller zuzunehmenden Maschen auf der linken Seite und häkelt bereits in der Anfangsreihe die entsprechende Anzahl Luftmaschen mehr. Aus ihnen holt man am Ende jeder Hinreihe die entsprechende Anzahl neuer Schlingen.

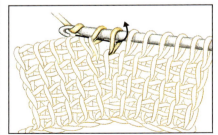

In der Rückreihe werden wie üblich alle Schlingen paarweise abgemascht.

# Tunesische Häkelei

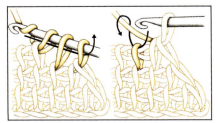

**Das Abnehmen von einer Masche an Anfang einer Reihe**
Vor dem Abnehmen am Reihenanfang werden in der vorhergehenden Rückreihe die letzten drei Schlingen zusammen abgemascht. Am Anfang einer Hinreihe holt man die 1. Schlinge aus dem 2. senkrechten Maschenglied.

**Das Abnehmen von mehreren Maschen am Anfang der Reihe**
Bis zum Beginn der nächsten Hinreihe wird die entsprechende Anzahl von Maschen abgekettet.

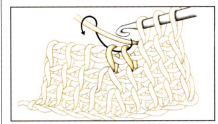

**Das Abnehmen innerhalb der Reihe**
In der Hinreihe faßt man mit der Häkelnadel 2 senkrechte Maschenglieder auf und holt eine Schlinge durch. In der Rückreihe werden die Schlingen wie üblich paarweise abgemascht.

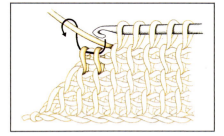

**Das Abnehmen von einer Masche am Ende einer Reihe**
Am Ende einer Hinreihe faßt man mit der Häkelnadel die letzten beiden senkrechten Maschenglieder der Vorreihe auf und holt eine Schlinge durch.

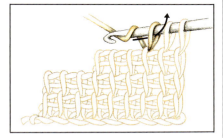

**Das Abnehmen von mehreren Maschen am Ende der Reihe**
Die entsprechende Anzahl von Maschen bleibt unbehäkelt.

**Das Überhäkeln einer Schräge**
Um einen geraden Abschluß bei verkürzten Reihen zu bekommen, wird die Schräge überhäkelt. Dafür werden von allen freistehenden Maschen aus den senkrechten Maschengliedern Schlingen geholt, die in der Rückreihe paarweise abgemascht werden.

# Tunesische Häkelei

## Verschiedene tunesische Häkelstiche

Nach dem Luftmaschenanschlag wird stets eine Hin- und Rückreihe im einfachen tunesischen Stich gearbeitet.

### Der einfache tunesische Strickstich
Hinreihe:
Zwischen das vordere und hintere senkrechte Maschenglied einstechen und eine Schlinge holen, dabei liegt das vordere Maschenglied links.
Rückreihe:
Alle Schlingen werden paarweise abgemascht.

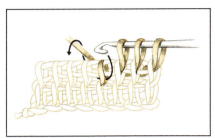

### Der verschränkte tunesische Strickstich
Hinreihe:
Zwischen das vordere und hintere senkrechte Maschenglied einstechen und eine Schlinge holen, dabei liegt das vordere Maschenglied rechts.
Rückreihe:
Alle Schlingen werden paarweise abgemascht.

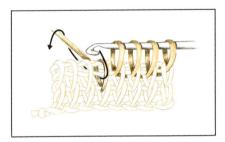

### Der Gitterstich
Hinreihe:
In das hintere, waagerecht liegende Maschenglied einstechen und eine Schlinge holen.
Rückreihe:
Alle Schlingen werden paarweise abgemascht.

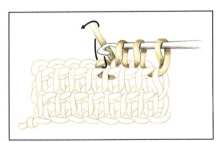

# Tunesische Häkelei

### Der linkstunesische Stich
Hinreihe:
In das hintere senkrechte Maschenglied einstechen und eine Schlinge holen.
Rückreihe:
Alle Schlingen werden paarweise abgemascht.

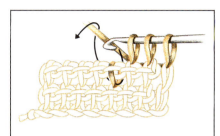

### Die linkstunesische Masche
Hinreihe:
Den Faden vor die Arbeit legen, von links nach rechts durch das vordere senkrechte Maschenglied stechen und eine Schlinge holen.
Rückreihe:
Alle Schlingen werden paarweise abgemascht.

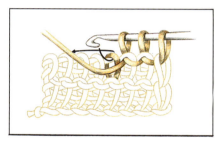

### Der tunesische Kreuzstich
Hinreihe:
In das 2. senkrechte Maschenglied einstechen und eine Schlinge holen, in das 1. Maschenglied einstechen und eine Schlinge holen. Nun in das 4. und 3. Maschenglied einstechen usw.
Rückreihe:
Alle Schlingen werden paarweise abgemascht.

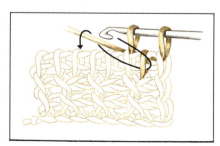

# Tunesische Häkelei

## Tunesische Häkelmuster
Nach dem Luftmaschenanschlag wird stets 1 Reihe im einfachen tunesischen Stich gearbeitet.

### Diagonales Lochmuster
1. Hinreihe:
1 Randmasche, *aus 4 senkrechten Maschengliedern je 1 Schlinge holen, 1 Umschlag, 1 Masche übergehen*, 1 Randmasche.
Rückreihe:
Alle Schlingen paarweise abmaschen.
2. Hinreihe:
1 Randmasche, *aus 3 senkrechten Maschengliedern je 1 Schlinge holen, 1 Umschlag, in das Loch des Umschlages der Vorreihe einstechen und 1 Schlinge holen*, 1 Randmasche. Bei allen folgenden Hinreihen wird der Mustersatz um jeweils 1 Masche nach rechts versetzt.
2. Hinreihe und Rückreihe fortlaufend wiederholen.

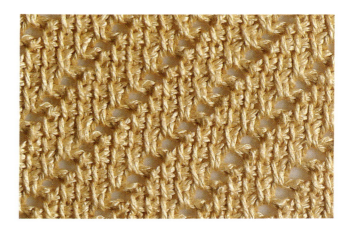

### Längsstreifenmuster
1. Hinreihe:
Aus allen senkrechten Maschengliedern je 1 Schlinge holen.
Rückreihe:
1 Randmasche, *3mal je 2 Schlingen abmaschen, 1mal 3 Schlingen abmaschen, 3mal je 2 Schlingen abmaschen*, 1 Randmasche.
2. Hinreihe:
1 Randmasche, *aus den senkrechten Maschengliedern 3mal je 1 Schlinge holen, aus den Zwischenräumen vor und nach den zusammen abgemaschten Schlingen je 1 Schlinge holen, aus den folgenden 3 senkrechten Maschengliedern je 1 Schlinge holen*, 1 Randmasche.
2. Hinreihe und Rückreihe fortlaufend wiederholen.

### Noppenmuster
1.–3. Reihe:
Einfacher tunesischer Stich.
4. Hinreihe:
1 Randmasche, *aus 2 senkrechten Maschengliedern je 1 Schlinge holen, aus dem senkrechten Maschenglied der drittletzten Reihe 4mal mit je 1 Umschlag 1 Schlinge holen, den Faden umschlagen und durch diese 8 Schlingen ziehen, aus den 2 nächsten senkrechten Maschengliedern je 1 Schlinge holen*, 1 Randmasche.
4. Rückreihe:
Alle Schlingen paarweise abmaschen.
1.–4. Reihe fortlaufend wiederholen.

# Tunesische Häkelei

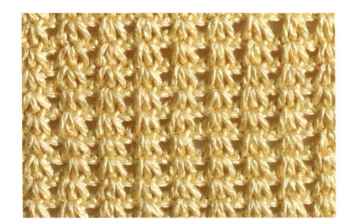

**Kleines Muschelmuster**
1. Hinreihe:
Aus allen senkrechten Maschengliedern je 1 Schlinge holen.
Rückreihe:
1 Randmasche, *1 Luftmasche, den Faden umschlagen und durch die ersten 4 Schlingen auf der Nadel ziehen*, 1 Luftmasche, 1 Randmasche.
2. Hinreihe:
Jeweils aus der Luftmasche, dem waagerechten Maschenglied über der Muschel und dem nächsten Abmaschglied 1 Schlinge holen.
Die 2. Hinreihe und die Rückreihe fortlaufend wiederholen.

**Wellenmuster**
1. Reihe:
Einfacher tunesischer Stich.
2. Hinreihe:
Aus allen senkrechten Maschengliedern je 1 Schlinge holen.
2. Rückreihe:
1 Randmasche, *2 Luftmaschen, den Faden umschlagen und die ersten 6 Schlingen auf der Nadel zusammen abmaschen, 2 Luftmaschen*, 1 Randmasche.
3. Hinreihe:
1 Randmasche, *aus den 2 Luftmaschen, dem oberen waagerechten Maschenglied und den nächsten 2 Luftmaschen je 1 Schlinge holen*, 1 Randmasche.
3. Rückreihe:
Alle Schlingen paarweise abmaschen.
2. und 3. Reihe fortlaufend wiederholen.

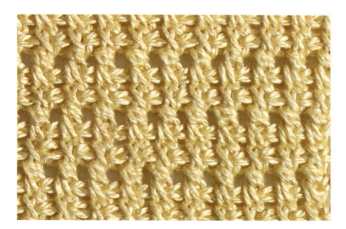

**Ajourmuster**
1. Reihe:
Tunesischer Kreuzstich.
2. Hinreihe:
1 Randmasche, *1 Umschlag, durch das 2. senkrechte Maschenglied 1 Schlinge holen, den Faden umschlagen und durch die ersten 2 Schlingen auf der Nadel ziehen, 1 Umschlag, durch das 1. senkrechte Maschenglied 1 Schlinge holen, den Faden umschlagen und durch die ersten 2 Schlingen auf der Nadel ziehen*, 1 Randmasche.
2. Rückreihe:
Alle Schlingen paarweise abmaschen.
1. und 2. Reihe fortlaufend wiederholen.

# Tunesische Häkelei

## Sternmuster
1. Reihe:
Farbe Beige, einfacher tunesischer Stich.
2. Hinreihe:
1 Randmasche, *aus 2 senkrechten Maschengliedern je
1 Schlinge in der Farbe Beige holen, aus den nächsten
2 Maschengliedern je 1 Schlinge in der Farbe Türkis holen*,
1 Randmasche.
2. Rückreihe:
Alle Schlingen paarweise in der entsprechenden Farbe abhäkeln.
3. Reihe:
Farbe Beige, tunesischer Kreuzstich.
2. und 3. Reihe fortlaufend wiederholen, dabei die 2farbige
Reihe abwechselnd mit beige und türkis beginnen.

## Karomuster
1. Reihe: Farbe Blau, einfacher tunesischer Stich.
2. Reihe: Farbe Gelb, einfacher tunesischer Stich.
3. Reihe: Farbe Kupfer, einfacher tunesischer Stich.
4. Hinreihe: Farbe Blau, 1 Randmasche, *aus den folgenden
4 senkrechten Maschengliedern je 1 Schlinge holen, den
Faden umschlagen, aus dem senkrechten Maschenglied der
1. Reihe 1 Schlinge holen, den Faden umschlagen und durch
die ersten 2 Schlingen auf der Nadel ziehen*, 1 Randmasche.
4. Rückreihe: Farbe Blau, alle Schlingen paarweise abmaschen.
2.–4. Reihe fortlaufend wiederholen.

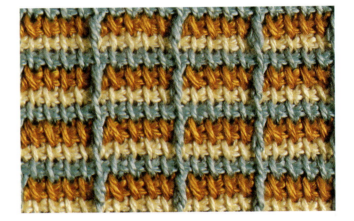

## Fantasiemuster
Bei allen Rückreihen werden die Schlingen paarweise abgemascht!
1. Reihe: Farbe Kupfer, einfacher tunesischer Stich.
2. Hinreihe: Farbe Grün, 1 Randmasche, *aus 3 senkrechten
Maschengliedern je 1 Schlinge holen, 1 Umschlag, 1 Masche
übergehen, 1 Schlinge holen. 1 Umschlag, 1 Masche übergehen*, 1 Randmasche.
3. Hinreihe: Farbe Kupfer, 1 Randmasche, *aus 3 senkrechten Maschengliedern je 1 Schlinge holen, 2 Umschläge, aus
dem nächsten Maschenglied der vorletzten Reihe 1 Schlinge
holen, den Faden umschlagen und 2 Schlingen abmaschen,
1 Umschlag, aus der übernächsten Schlinge der vorletzten
Reihe 1 Schlinge holen, den Faden umschlagen und 2 Schlingen abmaschen, den Faden nochmals umschlagen und
2 Schlingen abmaschen, 1 Umschlag*, 1 Randmasche.
4. Hinreihe: Farbe Grün, 1 Randmasche, *1 Umschlag,
1 Masche übergehen, 1 Schlinge holen, 1 Umschlag, aus den
Zwischenräumen vor und nach der Stäbchengruppe sowie
dessen mittlerem Abmaschglied je 1 Schlinge holen*, 1 Randmasche.
Die 3. und 4. Reihe fortlaufend wiederholen, dabei nach je
2 Reihen den Mustersatz um 3 Maschen versetzen.

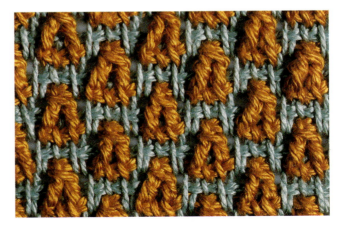

# Filethäkelei

Das Filethäkeln ist eine Nachbildung der Filetarbeit, wo zunächst ein Netz geknüpft wird und dann die Musterflächen ausgestopft werden. Beim Filethäkeln entstehen die Musterkästchen in einem Arbeitsgang. Der Effekt liegt in der Licht- und Schattenwirkung von leeren und vollen Kästchen.
Ein leeres Kästchen besteht normalerweise aus 1 Stäbchen und 2 Luftmaschen, ein volles Kästchen wird durch 3 Stäbchen gebildet.
Die Filethäkelei wird nach Zählmustern gearbeitet, die eine schematische Darstellung zeigen. Ein Karofeld entspricht

**Gittermuster 1,** Entstehung

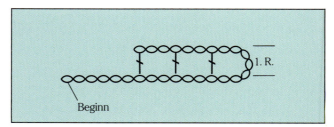

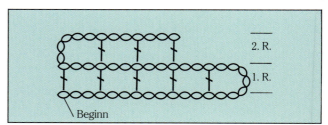

**Gittermuster 2,** Entstehung

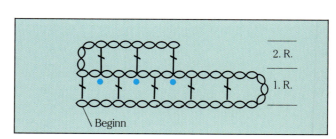

**Gittermuster 1**

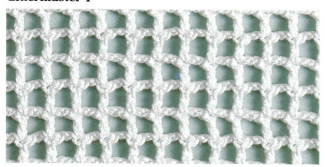

**Gittermuster 2**

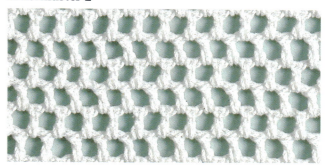

# Filethäkelei

einem leeren und ein schraffiertes Feld einem vollen Kästchen. Wegen der besseren Verständlichkeit sind in unserem Grundlehrgang alle Maschen gezeichnet, die Muster in den Modellanleitungen sind schematisiert. Als Vorlage können neben einfarbigen Kreuzstichvorlagen auch Eigenentwürfe auf Karopapier dienen.

Das Häkelgarn sollte glatt sein und aus Baumwolle, Leinen, eventuell Viskose und deren Mischungen bestehen. So wirken die Muster optisch gut und die Häkelarbeiten haben Stabilität.

**Gittermuster 3,** Entstehung

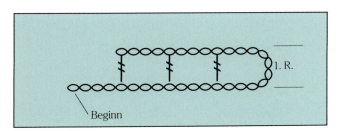

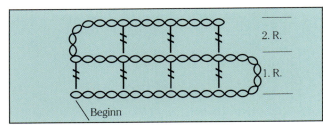

**Gittermuster 4,** Entstehung

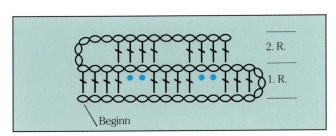

**Gittermuster 3**

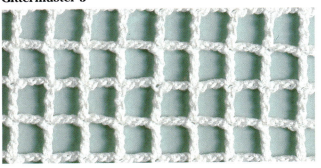

**Gittermuster 4** (Schachbrettmuster)

**Filethäkelei**

## Zunahme von einem leeren Kästchen

Reihenanfang

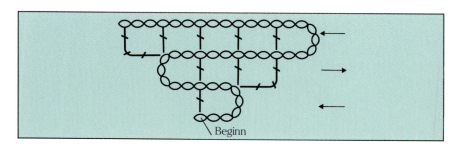

Reihenende

Am Anfang der Reihe:
Mit 7 Luftmaschen wenden, 1 Stäbchen auf das Stäbchen der Vorreihe.

Am Ende der Reihe:
1 Stäbchen auf die letzte Masche der Vorreihe, 2 Luftmaschen, 1 Dreifachstäbchen in die gleiche Einstichstelle.

## Zunahme von mehreren leeren Kästchen

Reihenanfang

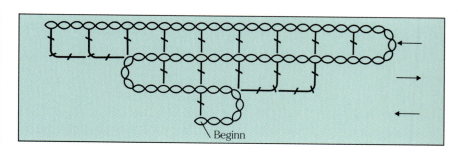

Reihenende

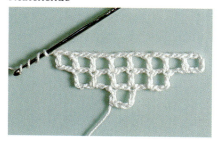

Am Anfang der Reihe:
3 Luftmaschen für ein Mittelkästchen und 7 Luftmaschen für das Randkästchen, 1 Stäbchen in die 8. Luftmasche von der Nadel aus, 2 Luftmaschen, 2 Maschen übergehen, 1 Stäbchen auf das Stäbchen der Vorreihe.

Am Ende der Reihe:
1 Stäbchen, 2 Luftmaschen, 1 Dreifachstäbchen in die gleiche Einstichstelle, für jedes weitere Kästchen 2 Luftmaschen und 1 Dreifachstäbchen in das mittlere Glied des letzten Dreifachstäbchens arbeiten.

**Filethäkelei**

## Zunahme von einem vollen Kästchen

Reihenanfang

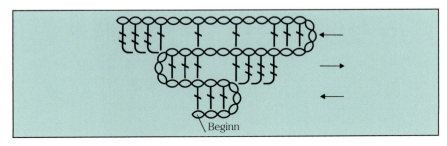

Reihenende

Am Anfang der Reihe:
5 Luftmaschen, 1 Stäbchen in die 3. Luftmasche von der Nadel aus, 1 Stäbchen in die nächste Luftmasche, 1 Stäbchen auf das letzte Stäbchen der Vorreihe.

Am Ende der Reihe:
1 Stäbchen auf das Stäbchen der Vorreihe, 1 Doppelstäbchen in die gleiche Einstichstelle, 2 Doppelstäbchen jeweils in das untere Maschenglied des letzten Doppelstäbchens eingestochen.

## Zunahme von mehreren vollen Kästchen

Reihenanfang

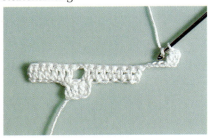
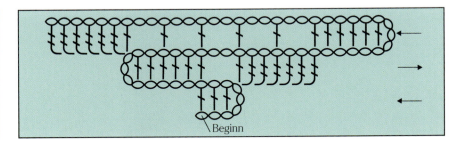

Reihenende

Am Anfang der Reihe:
3 Luftmaschen für je ein Mittelkästchen und 5 Luftmaschen für das Randkästchen, 1 Stäbchen in die 4. Luftmasche von der Nadel aus, je 1 Stäbchen in die folgenden Luftmaschen, 1 Stäbchen auf das letzte Stäbchen der Vorreihe.

Am Ende der Reihe:
1 Stäbchen auf das letzte Stäbchen der Vorreihe, 1 Doppelstäbchen in die gleiche Einstichstelle, entsprechend viele Doppelstäbchen jeweils in das untere Maschenglied des letzten Doppelstäbchens eingestochen. Für jedes zugenommene Kästchen werden 3 Doppelstäbchen benötigt.

# Filethäkelei

## Abnahme von einem leeren Kästchen

Am Anfang der Reihe:
Mit Kettmaschen bis zum nächsten Stäbchen gehen, 5 Luftmaschen, 1 Stäbchen auf das nächste Stäbchen der Vorreihe.

Am Ende der Reihe:
Das letzte Kästchen der Vorreihe unbehäkelt lassen.
Um das Überhäkeln mit Kettmaschen am Anfang der Reihe zu vermeiden, die letzte Reihe wie folgt beenden:
1 Stäbchen halb abmaschen, so daß noch 2 Schlingen auf der Nadel liegen, 1 Dreifachstäbchen arbeiten und abmaschen, bis noch insgesamt 3 Schlingen auf der Nadel sind, diese Schlingen zusammen abhäkeln.

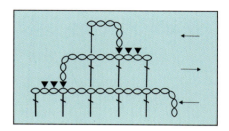

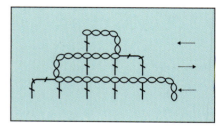

## Abnahme von mehreren leeren Kästchen

Am Anfang der Reihe:
Mit Kettmaschen bis zum gewünschten Stäbchen gehen, 5 Luftmaschen, 1 Stäbchen auf das nächste Stäbchen der Vorreihe.

Am Ende der Reihe:
Die gewünschte Anzahl von Kästchen der Vorreihe unbehäkelt lassen.
Um das Überhäkeln mit Kettmaschen am Anfang der Reihe zu vermeiden,

die letzte Reihe wie folgt beenden:
1 Stäbchen bis auf 2 Schlingen abmaschen, für ein Mittelkästchen 3 Umschläge, in das Stäbchen der Vorreihe einstechen, den Faden holen und 2 Schlingen abmaschen, für das Randkästchen 3 Umschläge, einstechen und den Faden holen, alle Schlingen auf der Nadel paarweise abhäkeln, die letzten 3 Schlingen zusammen abmaschen.

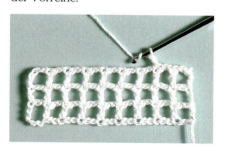
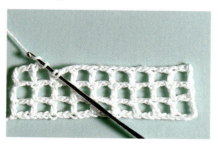
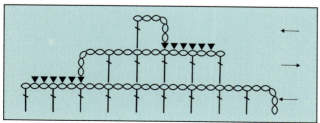
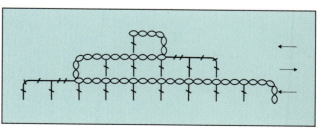

**Filethäkelei**

## Abnahme von einem vollen Kästchen

Am Anfang der Reihe:
Mit Kettmaschen bis zum viertletzten Stäbchen der Vorreihe gehen, 3 Luftmaschen für das 1. Stäbchen der neuen Reihe.

Am Ende der Reihe:
Das letzte Kästchen der Reihe unbehäkelt lassen.
Um das Überhäkeln mit Kettmaschen am Anfang der Reihe zu vermeiden, wie folgt arbeiten:
4 Stäbchen jeweils halb abmaschen, so daß insgesamt 5 Schlingen auf der Nadel liegen, diese Schlingen paarweise abhäkeln, die letzten 3 Schlingen zusammen abmaschen. Die nächste Reihe beginnt mit 3 Luftmaschen für das 1. Stäbchen.

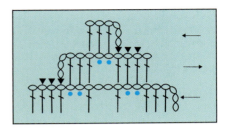

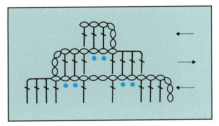

## Abnahme von mehreren vollen Kästchen

Am Anfang der Reihe:
Mit Kettmaschen über die Stäbchen der gewünschten Kästchen gehen, 3 Luftmaschen für das 1. Stäbchen der neuen Reihe.

Am Ende der Reihe:
Die gewünschte Anzahl von Kästchen der Vorreihe unbehäkelt lassen.
Um das Überhäkeln mit Kettmaschen am Anfang der Reihe zu vermeiden, die letzte Reihe wie folgt beenden:
Ab der Ausgangsposition für die nächste Reihe alle noch folgenden Stäbchen halb abmaschen; auf der Nadel liegen jetzt 1 Schlinge der letzten Masche und je 1 Schlinge von jedem Stäbchen. Die Schlingen paarweise abhäkeln, die letzten 3 Schlingen zusammen abmaschen. Die nächste Reihe beginnt mit 3 Luftmaschen für das 1. Stäbchen.

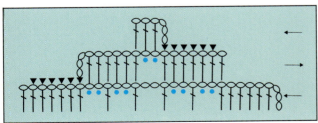
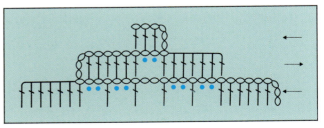

# Filethäkelei

## Quadrate aus der Mitte gehäkelt

### Leere Kästchen mit gerader Anzahl
Beginn und 1. Runde: 9 Luftmaschen, in die Anfangsluftmasche 1 Stäbchen, 5 Luftmaschen, 1 Stäbchen, 5 Luftmaschen, 1 Stäbchen, noch einmal 5 Luftmaschen und die Runde mit 1 Kettmasche in die 4. Anfangsluftmasche schließen.
2. Runde: 5 Luftmaschen, *in die Eckmasche der Vorrunde 1 Stäbchen, 5 Luftmaschen, 1 Stäbchen in die gleiche Eckmasche der Vorrunde, 2 Luftmaschen, 1 Stäbchen auf das Stäbchen der Vorrunde, 2 Luftmaschen*. Die Runde endet mit 1 Kettmasche in die 3. Anfangsluftmasche.

 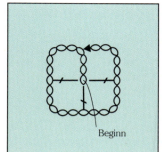

 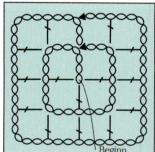

### Volle Kästchen mit gerader Anzahl
Beginn und 1. Runde: 7 Luftmaschen, in die ersten 3 Luftmaschen je 1 Stäbchen, *3 Luftmaschen, 2 Stäbchen in das zuletzt gehäkelte Stäbchen, 1 Stäbchen in die Anfangsluftmasche*. Die Runde mit 1 Kettmasche in die 4. Anfangsluftmasche schließen.
2. Runde: 5 Luftmaschen, *1 Stäbchen in die Eckmasche der Vorrunde, 3 Luftmaschen, 2 Stäbchen in das zuletzt gearbeitete Stäbchen, 1 Stäbchen in die gleiche Eckmasche der Vorrunde, 2 Luftmaschen, 1 Stäbchen, 2 Luftmaschen*. Die Runde mit 1 Kettmasche in die 3. Anfangsluftmasche schließen.

 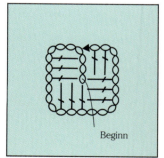

 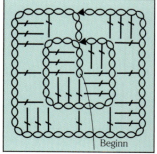

# Filethäkelei

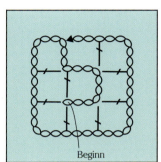

**Leere Kästchen mit ungerader Anzahl**
Beginn: 9 Luftmaschen, 1 Stäbchen in die 1. Luftmasche.
1. Runde: 8 Luftmaschen, 1 Stäbchen in das Stäbchen der Vorreihe, 2 Luftmaschen, 1 Stäbchen in die Anfangsluftmasche, 5 Luftmaschen, 1 Stäbchen wieder in die Anfangsluftmasche, 2 Luftmaschen, 1 Stäbchen in die 4. Anfangsluftmasche, 5 Luftmaschen, 1 Stäbchen wieder in die 4. Anfangsluftmasche, 2 Luftmaschen, 2 Stäbchen in die 7. Anfangsluftmasche, 5 Luftmaschen, 1 Stäbchen wieder in die 7. Anfangsluftmasche, 2 Luftmaschen. Die Runde mit 1 Kettmasche in die 3. Luftmasche am Rundenbeginn schließen.

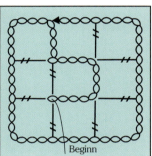

Beginn: 12 Luftmaschen, 1 Doppelstäbchen in die 1. Luftmasche.
1. Runde: 11 Luftmaschen, 1 Doppelstäbchen in das 1. Doppelstäbchen, 3 Luftmaschen, 1 Doppelstäbchen in die Anfangsluftmasche, 7 Luftmaschen, 1 Doppelstäbchen wieder in die Anfangsluftmasche, 3 Luftmaschen, 1 Doppelstäbchen in die 5. Anfangsluftmasche, 7 Luftmaschen, 1 Doppelstäbchen wieder in die 5. Anfangsluftmasche, 3 Luftmaschen, 1 Doppelstäbchen in die 9. Anfangsluftmasche, 7 Luftmaschen, 1 Doppelstäbchen wieder in die 9. Anfangsluftmasche, 3 Luftmaschen. Die Runde mit 1 Kettmasche in die 4. Luftmasche am Rundenbeginn schließen.

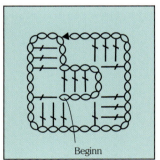

**Volle Kästchen mit ungerader Anzahl**
Beginn: 7 Luftmaschen, in die ersten 3 Luftmaschen je 1 Stäbchen.
1. Runde: 6 Luftmaschen, in die ersten 2 Luftmaschen je 1 Stäbchen, 1 Stäbchen auf das Stäbchen am Beginn, 2 Luftmaschen, 1 Stäbchen in die Anfangsluftmasche, 3 Luftmaschen, 2 Stäbchen in das zuletzt gearbeitete Stäbchen, 1 Stäbchen in die Anfangsluftmasche, 2 Luftmaschen, 1 Stäbchen in die 4. Anfangsluftmasche, 3 Luftmaschen, 2 Stäbchen in das zuletzt gearbeitete Stäbchen, 1 Stäbchen in die 4. Anfangsluftmasche, 2 Luftmaschen, 1 Stäbchen in die 7. Anfangsluftmasche, 3 Luftmaschen, 2 Stäbchen in das zuletzt gearbeitete Stäbchen, 1 Stäbchen in die 7. Anfangsluftmasche, 2 Luftmaschen. Die Runde mit 1 Kettmasche in die 3. Luftmasche am Rundenbeginn schließen.

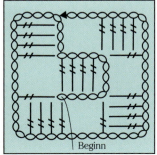

Beginn: 9 Luftmaschen, in die ersten 4 Luftmaschen je 1 Doppelstäbchen.
1. Runde: Nach der Zeichnung im gleichen Prinzip wie mit einfachen Stäbchen arbeiten.

# Filethäkelei

### Halbgardine
138 cm breit und 53 cm hoch.

### Material
Baumwoll-Cablé-Garn,
Lauflänge 50 g = 230 m,
Farbe Ecru – 350 g;
Häkelnadel Nr. 2,2.

### Maschenprobe
43 Maschen und 16 Reihen =
10x10 cm.

### Anschlag
550 Luftmaschen.

### Anleitung
Bei dem angegebenen Maß wurden drei Mustersätze in der Breite gearbeitet. Durch Hinzufügen oder Weglassen von Mustersätzen kann die Größe beliebig variiert werden.
Die Gardine nach der Zeichnung häkeln. Das fertige Teil leicht spannen und dämpfen.

# Filethäkelei

**Zeichenerklärung**
☐ = 1 Stäbchen, 2 Luftmaschen, 2 Maschen übergehen.
⅏ = 3 Stäbchen.

# Filethäkelei

### Tischdecke
Durchmesser 180 cm.

### Material
Mercerisiertes Baumwollgarn,
Lauflänge 50 g = 134 m,
Farbe Braun – 1000 g;
Häkelnadel Nr. 3.

### Maschenprobe
31 Maschen und 10 Reihen =
10x10 cm.

### Anschlag
49 Luftmaschen.

### Anleitung
Die Decke nach der Zeichnung häkeln,
das fertige Teil leicht spannen, anfeuchten und trocknen lassen.

### Zeichenerklärung
☐ = 1 Stäbchen, 2 Luftmaschen,
2 Maschen übergehen.
⊞ = 3 Stäbchen.

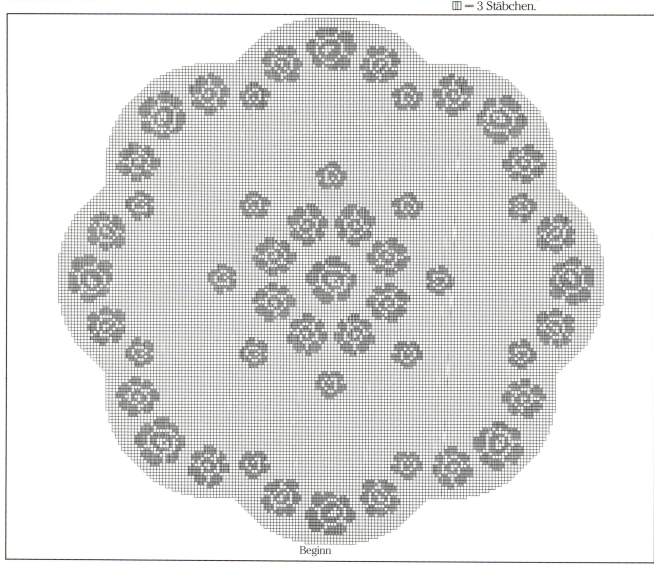

Beginn

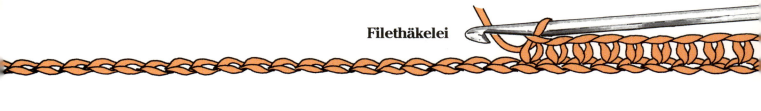

# Filethäkelei

# Filethäkelei

## Nachthemd mit gehäkelter Passe
Oberweite 88 cm.

### Material
Glanzhäkelgarn Nr. 50,
Lauflänge 10 g = 159 m,
Farbe Weiß – 60 g;
Häkelnadel Nr. 1,25,
weißen Batist, 2,40 m bei 90 cm Breite.

### Maschenprobe
70 Maschen und 29 Reihen = 10x10 cm.

### Anschlag
595 Luftmaschen.

### Anleitung
Nach der Musterzeichnung die Passe häkeln, dabei den Mustersatz 11mal in der Breite arbeiten. Für die Träger 4 mal Reihe 1–8 auf 50 cm Länge häkeln.
Die Teile nach Schnitt leicht spannen und dämpfen. Die hintere Passennaht schließen und die Träger festnähen. Den Stoff in zwei Teile à 1,20 m teilen und die Seitennähte schließen. An der Oberkante den Stoff in kleine Fältchen legen, bis die Passenbreite erreicht ist. Die Passe aufnähen und die untere Stoffkante 2 cm breit säumen.

### Zeichenerklärung
☐ = 1 Stäbchen, 2 Luftmaschen, 2 Maschen übergehen.
⊞ = 3 Stäbchen.

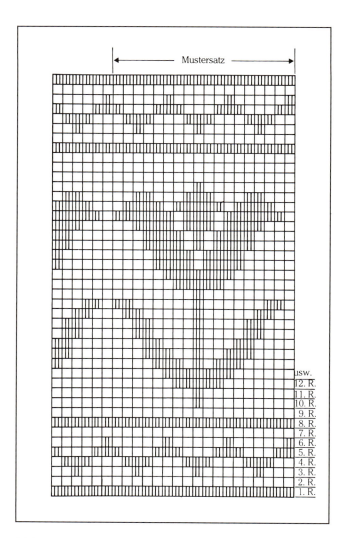

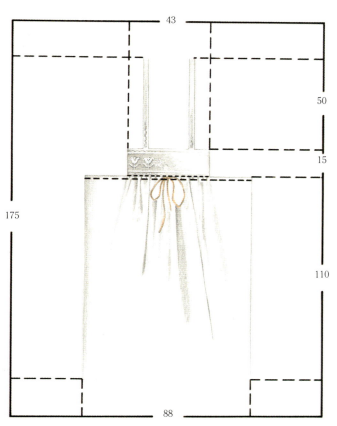

# Filethäkelei

# Filethäkelei

## Bettüberwurf
238 cm lang und 143 cm breit.

### Material
Glanzhäkelgarn Nr. 20,
Lauflänge 10 g = 64 m,
Farbe Weiß – 980 g;
Häkelnadel Nr. 1,25,
geblümten Baumwollstoff, 9,80 m bei 90 cm Breite,
Einlagevlies, 2,45 m bei 1,60 m Breite.

### Anleitung
Nach der Musterzeichnung 39 Quadrate mit Randspitze häkeln. Jedes Quadrat hat 21,5 cm Seitenlänge. Die fertigen Teile leicht spannen und dämpfen.
Den Stoff in vier Stücke à 2,45 m teilen und je zwei Teile an den Längsseiten zusammennähen. Auf einem dieser großen Teile mit Heftfaden alle Linien der Verteilerskizze markieren. Das zweite Stoffstück rechts auf rechts und das Vlies daraufegen und an der markierten Außenlinie verstürzt zusammennähen. Die Decke wenden und von rechts den Rand, die Längs- und Querlinien absteppen. Nach der Verteilerskizze die Häkelquadrate auflegen und von Hand festnähen.

### Zeichenerklärung
☐ = 1 Stäbchen, 2 Luftmaschen, 2 Maschen übergehen.
⟐ = 3 Stäbchen.

**Musterzeichnung für ein Quadrat**

**Verteilerskizze**

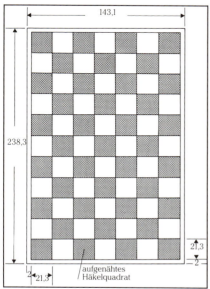

# Filethäkelei

## Das Verbinden von Häkelquadraten

Neben Quadraten lassen sich auf diese Weise auch gehäkelte Streifen und umhäkelte Stoffteile wirkungsvoll miteinander verbinden.
Zunächst zwei Quadrate an einer Seite miteinander verbinden: *1 Stäbchen in das untere Quadrat, 1 Stäbchen in das obere Quadrat, 2 Luftmaschen*. Auf diese Weise von den rechten zu den linken Ecken arbeiten. Aus den zusammengesetzten Vierecken entstehen so Streifen.
Die Streifen werden nun an den Längsseiten miteinander verbunden: *1 Stäbchen in den unteren Streifen, 1 Stäbchen in den oberen Streifen, 2 Luftmaschen*. An den Kreuzungspunkten je 1 Stäbchen in die Ecken, 2 Luftmaschen, je 1 Stäbchen in die Mitte der bereits gearbeiteten Verbindungen, 2 Luftmaschen, je 1 Stäbchen in die Ecken.

Diese Häkelverbindung ist einfach und schlicht, dadurch wirken die Muster in den Flächen besonders gut.

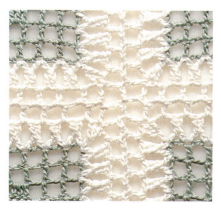

Ein Quadrat umhäkeln mit *1 feste Masche, 5 Luftmaschen*. In die Ecken jeweils 1 feste Masche, 7 Luftmaschen, 1 feste Masche. Beim Umhäkeln des nächsten Quadrates bereits eine Seite an das letzte Quadrat anschließen: *1 feste Masche, 2 Luftmaschen, 1 Kettmasche um den Luftmaschenbogen der Gegenseite, 2 Luftmaschen*. In die Ecke 1 feste Masche, 3 Luftmaschen, 1 Kettmasche in die 4. Eckluftmasche des letzten Quadrates, 3 Luftmaschen, 1 feste Masche.
Das 3. Quadrat ebenfalls beim Umhäkeln an eine Seite des 2. Vierecks anschließen. Das 4. Quadrat mit einer Seite an das 3. und der nächsten Seite an das 1. Quadrat anhängen.

Diese Art des Zusammenhäkelns ist sehr dekorativ, es lassen sich damit auch leicht Unregelmäßigkeiten an den Rändern ausgleichen.

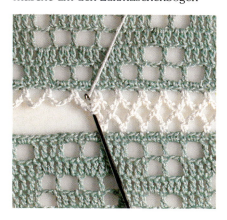

# Filethäkelei

Ein Quadrat umhäkeln mit *1 feste Masche, 2 Luftmaschen*. An den Ecken jeweils 3 Luftmaschen zwischen die festen Maschen arbeiten. Zwei Seiten bereits mit den nächsten Quadraten zusammenarbeiten: 1 feste Masche in das 1. Quadrat, 1 feste Masche in das benachbarte Quadrat, 1 Luftmasche. Das 4. Quadrat auf die gleiche Weise mit den letzten Vierecken verbinden. In die Ecke 1 feste Masche, 1 Luftmasche, 1 Kettmasche in die mittlere Luftmasche des letzten Eckbogens, 1 feste Masche.

Diese Verbindung ist sehr schmal und unauffällig. Bei größeren Arbeiten kann man die Einzelteile sehr gut treppenartig zusammenhäkeln.

Ein Quadrat umhäkeln mit *2 zusammen abgemaschten Stäbchen, 2 Luftmaschen*. In die Ecken jeweils 2 zusammen abgemaschte Stäbchen, 5 Luftmaschen, 2 zusammen abgemaschte Stäbchen. Zwei Seiten bereits mit den nächsten Vierecken zusammenarbeiten: *2 zusammen abgemaschte Stäbchen in das 1. Quadrat, 2 zusammen abgemaschte Stäbchen in das benachbarte Quadrat, 1 Luftmasche*.
Das 4. Quadrat auf die gleiche Weise mit den letzten Vierecken verbinden. In die Ecke: 2 zusammen abgemaschte Stäbchen, 2 Luftmaschen, 1 Kettmasche in die mittlere Luftmasche des letzten Eckbogens, 2 zusammen abgemaschte Stäbchen.
Diese kompakte Häkelverbindung eignet sich besonders gut für offene Gitterränder und Muster, die einen optischen Halt brauchen. Man kann ebenfalls sehr gut treppenartig zusammenhäkeln.

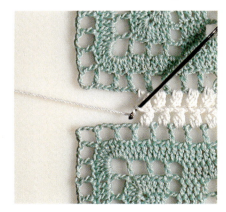

# Filethäkelei

### Tischdecke
110x110 cm

### Material
Baumwollhäkelgarn, Lauflänge 50 g = 265 m, Farbe Weiß – 500 g; Häkelnadel Nr. 1,75.

### Anleitung
Die Tischdecke besteht aus 36 einzelnen, 15x15 cm großen Quadraten, die in Reihen oder aus der Mitte gehäkelt werden können. Aus den beiden Mustern je 18 Quadrate nach der Zeichnung häkeln und miteinander verbinden. Das Zusammenhäkeln ist auf Seite 126 genau erklärt. Die fertige Decke leicht spannen und dämpfen.

### Zeichenerklärung
☐ = 1 Stäbchen, 2 Luftmaschen, 2 Maschen übergehen.
⫴ = 3 Stäbchen.

# Filethäkelei

# Filethäkelei

## Verkürzte Reihen

Schulterschrägungen, eingehäkelte Abnäher und flache Halsausschnitte können sehr gut mit verkürzten Reihen gearbeitet werden.
Am Anfang der Reihe:
1 Luftmasche, 1 Kettmasche, 2 feste Maschen, 2 halbe Stäbchen, Stäbchen.
Am Ende der Reihe:
Die letzten Maschen der Reihe, also 2 Stäbchen, 2 halbe Stäbchen und 2 feste Maschen, nur jeweils halb abmaschen, alle auf der Nadel liegenden Schlingen paarweise abhäkeln, die letzten 3 Schlingen zusammen abmaschen. Auf diese Weise entsprechend oft abnehmen. Es entstehen so ein- oder beidseitig schräge Ränder.
Um den Rand exakt auszugleichen, noch einmal eine Reihe Stäbchen darüberhäkeln. Die Maschenanzahl dieser Reihe ist gleich mit der Anzahl in der letzten Reihe vor dem Verkürzen.

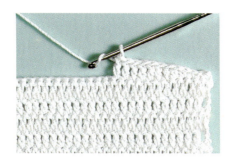
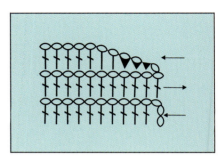
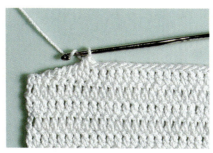
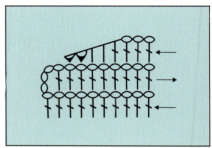
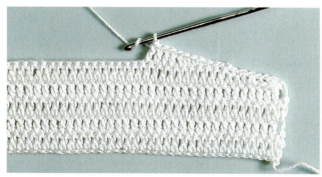
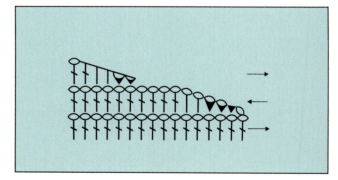
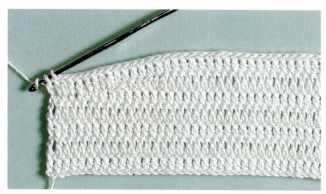
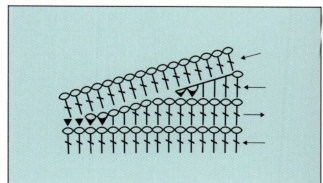

# Filethäkelei

## Zu- und Abnehmen am Rand

Für glatte schräge Ränder, wie bei Ärmeln, werden keine ganzen Kästchen, sondern nur einzelne Maschen zu- oder abgenommen. Verläuft die Schräge steiler, werden zwischen den Reihen mit Zu- oder Abnahmen eine oder mehrere Reihen glatt gearbeitet.

### Zunehmen

Am Anfang der Reihe mit 3 Luftmaschen wenden. 1 Stäbchen in das letzte Stäbchen der Vorreihe. Am Ende der Reihe 2 Stäbchen in die 3. Wendeluftmasche. Am Anfang der nächsten Reihe 4 Luftmaschen zum Wenden, 1 Stäbchen auf das 2. Stäbchen der Vorreihe. Am Reihenende 1 Stäbchen, 1 Luftmasche, 1 Stäbchen in die 3. Wendeluftmasche.

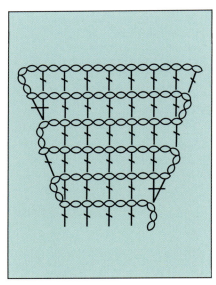

### Abnehmen

Am Anfang der Reihe mit 3 Luftmaschen wenden, 1 Stäbchen auf das Stäbchen der Vorreihe. Am Ende der Reihe 1 Stäbchen auf das Stäbchen der Vorreihe, 1 Stäbchen in die 3. Wendeluftmasche. Am Anfang der nächsten Reihe 2 Luftmaschen, 1 Stäbchen auf das 2. Stäbchen der Vorreihe. Am Reihenende 1 Stäbchen auf das Stäbchen der Vorreihe und 1 Stäbchen in die 3. Wendeluftmasche zusammen abgemascht.

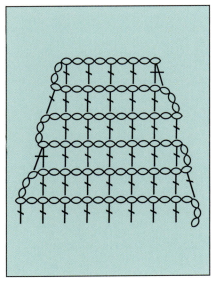

# Filethäkelei

## Netzpulli
Größe 40.

### Material
Qualität „Ibiza" von Austermann,
Lauflänge 50 g = 75 m,
Farbe Nr. 4 – 400 g;
Häkelnadel Nr. 4,
Stricknadeln Nr. 3,5.

### Häkelmuster
Siehe Zeichnung.

### Randmuster
Glatt links.

### Maschenprobe
19 Maschen und 8 Reihen = 10x10 cm.

### Anschlag
Vorder- und Rückenteil 81 Luftmaschen.

### Anleitung
Die Teile nach der Muster- und Schnittzeichnung häkeln.

### Fertigstellung
Die Schulternähte schließen. Die Seitennähte 28 cm hoch schließen. Für das Taillenbündchen 148 Maschen auffassen und 6 cm glatt links stricken. Für die Ärmelbündchen je 52 Maschen und für die Halsblende 96 Maschen aufnehmen und jeweils 6 cm glatt links stricken. Alle Blenden zur Hälfte nach innen schlagen und festnähen.

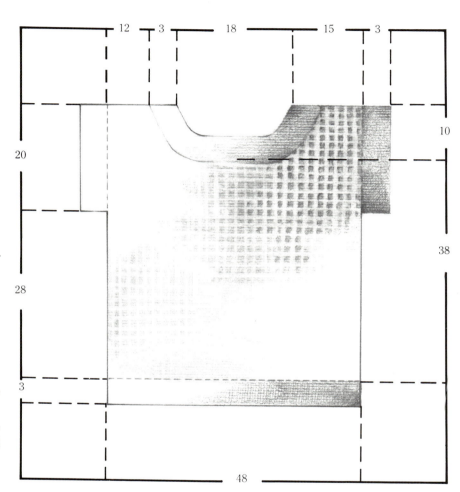

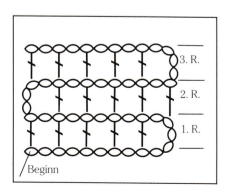

# Filethäkelei

# Filethäkelspitzen

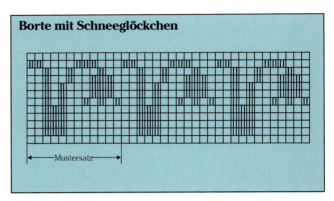
**Borte mit Schneeglöckchen**

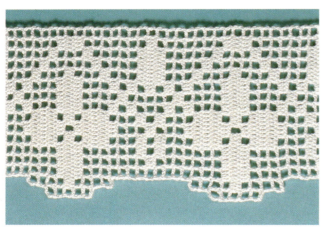

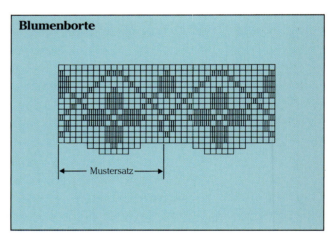
**Blumenborte**

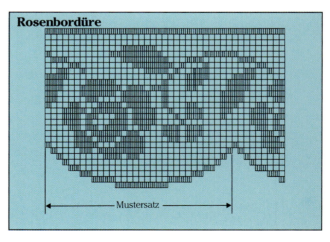
**Rosenbordüre**

# Filethäkelspitzen

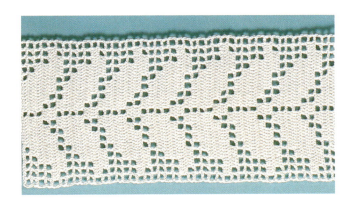

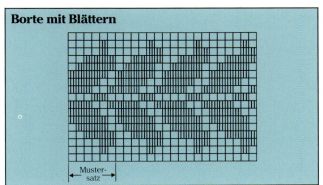

**Borte mit Blättern**

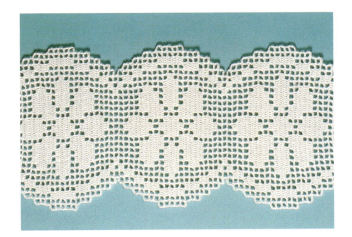

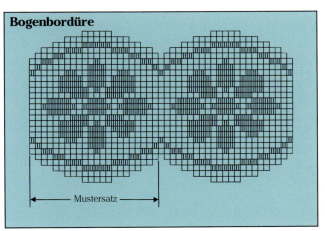

**Bogenbordüre**

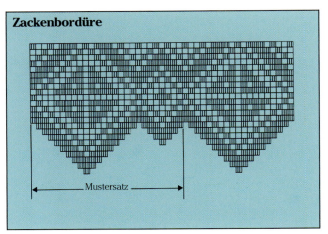

**Zackenbordüre**

# Filethäkelspitzen

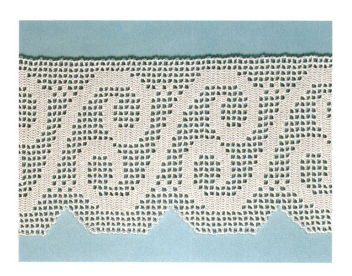

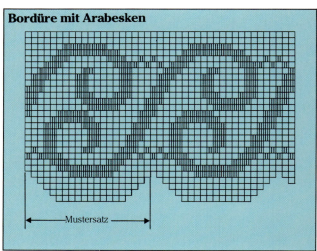

**Bordüre mit Arabesken**

Mustersatz

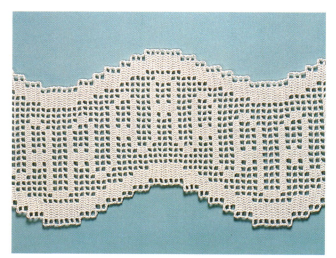

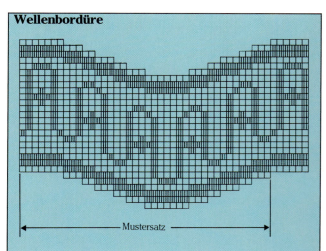

**Wellenbordüre**

Mustersatz

# Filethäkelspitzen

## Die Eckbildung bei Filethäkelspitzen

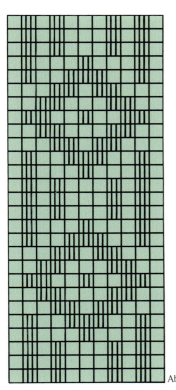

Abb. A

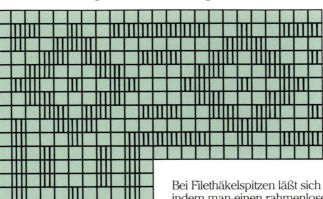

Abb. B

Bei Filethäkelspitzen läßt sich leicht eine Ecke bilden, indem man einen rahmenlosen Taschenspiegel genau diagonal auf die Musterzeichnung (A) stellt und so lange verschiebt, bis sich eine gute Ecklösung zeigt. Diese wird auf Karopapier übertragen (B). Nach einer solchen Zeichnung kann nun in Reihen oder in Runden gearbeitet werden. Auf der Zeichnung C sehen Sie die genaue Ecke des oberen Musters, wie es in Runden gehäkelt wird. Jede Runde beginnt mit 3 Luftmaschen anstelle des 1. Stäbchens und wird mit 1 Kettmasche in die 3. Anfangsluftmasche geschlossen.

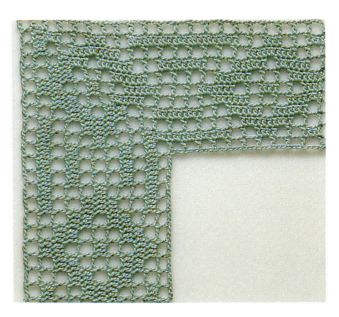

Abb. C

# Filethäkelspitzen

Abb. 1

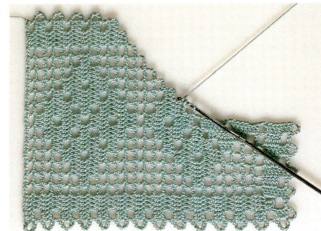

Abb. 3  Abb. 2

## Filethäkelspitze mit Eckbildung

Diese einfache Häkelspitze mit geraden Rändern wird in hin- und hergehenden Reihen gearbeitet. Sie eignet sich sehr gut für Einsätze.

**Abb. 1**
Hier wird der Arbeitsverlauf bis zur äußeren Ecke gezeigt, das entspricht dem grauen Teil der Symbolzeichnung. Ab der inneren Ecke werden die Reihen um jeweils 1 Kästchen verkürzt, bis mit dem letzten Kästchen die äußere Ecke erreicht ist.

**Abb. 2**
Nun wird die Arbeit um 90° gedreht. In hin- und hergehenden Reihen arbeiten und jeweils in der Mitte der Ecke an den ersten Arbeitsgang nach der Zeichnung anhängen. Die Abbildung zeigt den Beginn der 10. Reihe nach der äußeren Ecke.

**Abb. 3**
Hier sehen Sie die Spitze mit fertiger Eckbildung.

# Filethäkelspitzen

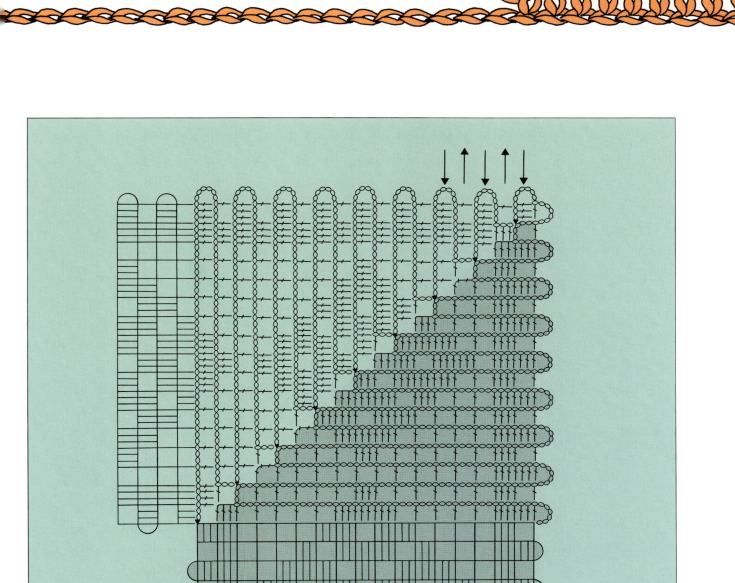

Beginn

# Filethäkelspitzen

Diese Spitze mit einem Zackenrand ist eine Variation der letzten Spitze. Die einzelnen Arbeitsschritte sind gleich. Auch hier wurde die Ecke gespiegelt (siehe Seite 141). Diese Spitze mit einem hübschen Randverlauf eignet sich sehr gut als Abschluß um Tischdecken oder Kissen.

# Filethäkelspitzen

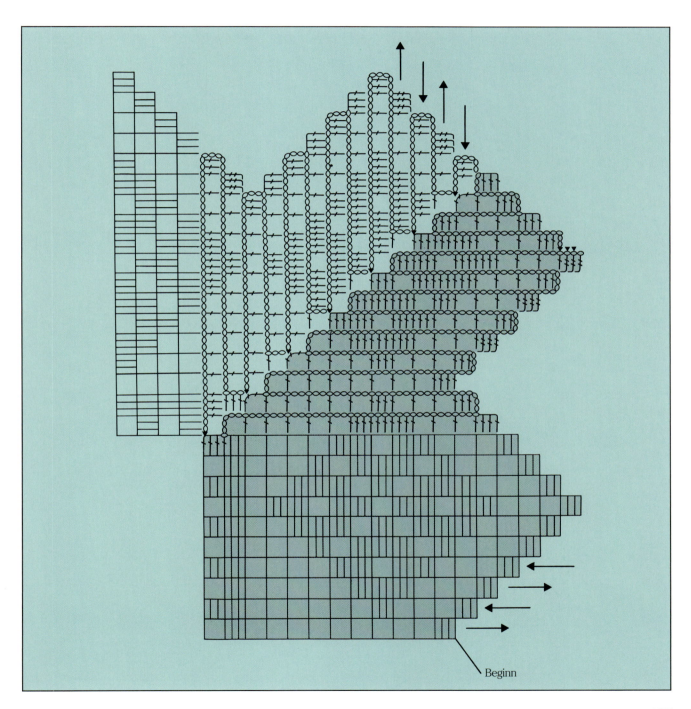

Beginn

# Filethäkelspitzen

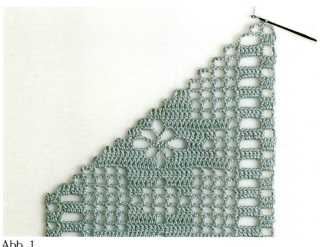

Abb. 1

Abb. 3

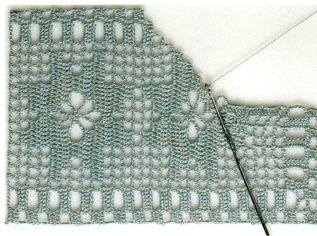

Abb. 2

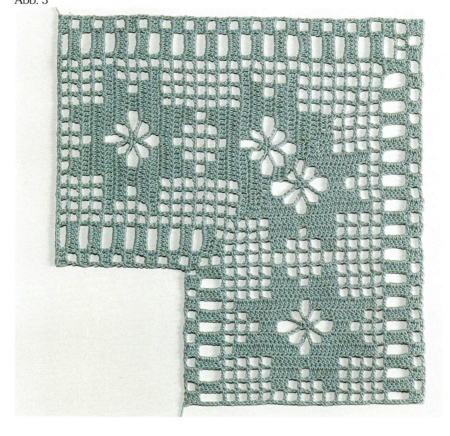

## Filethäkelspitze mit Eckbildung

**Abb. 1**
Hier wird der Arbeitsverlauf bis zur äußeren Ecke gezeigt, das entspricht dem grauen Teil der Symbolzeichnung. Ab der inneren Ecke werden die Reihen um jeweils 1 Kästchen verkürzt, bis mit dem letzten Kästchen die äußere Ecke erreicht ist.

**Abb. 2**
Nun wird die Arbeit um 90 Grad gedreht. In hin- und hergehenden Reihen arbeiten und jeweils in der Mitte der Ecke an den ersten Arbeitsgang nach der Zeichnung anhängen. Die Abbildung zeigt den Übergang von der 11. zur 12. Reihe nach der äußeren Ecke.

**Abb. 3**
Hier wird die Spitze mit fertiger Eckbildung gezeigt.

# Filethäkelspitzen

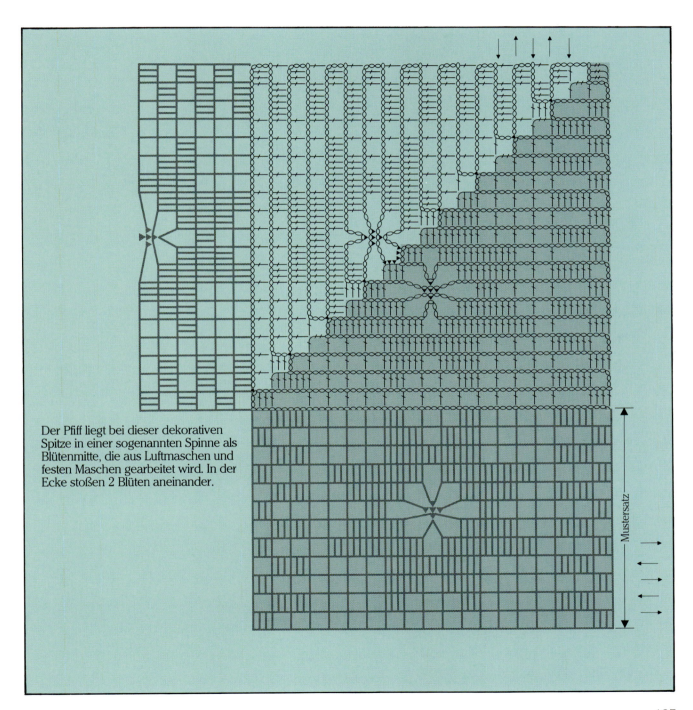

Der Pfiff liegt bei dieser dekorativen Spitze in einer sogenannten Spinne als Blütenmitte, die aus Luftmaschen und festen Maschen gearbeitet wird. In der Ecke stoßen 2 Blüten aneinander.

# Häkelspitzen, Borten und Bordüren

Mit diesen Spitzen können die verschiedensten Wäschestücke und Heimtextilien verschönert werden. Sie sind problemlos in jeder gewünschten Länge zu arbeiten. Da man nur ein Knäuel Garn und eine Häkelnadel braucht, die leicht in der Handtasche Platz finden, eignen sich diese Handarbeiten gut für Reise und Urlaub.

## Zackenborte

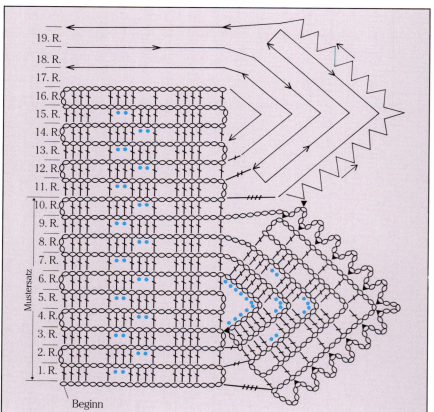

# Häkelspitzen, Borten und Bordüren

## Bogenspitze

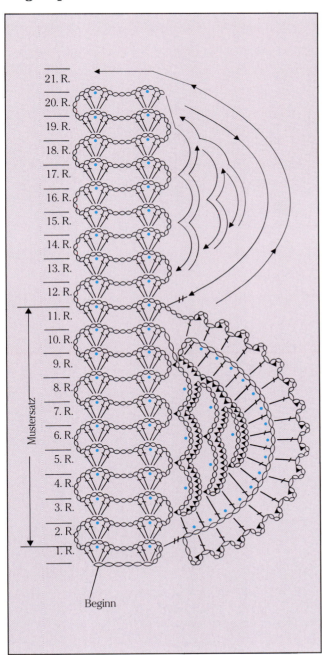

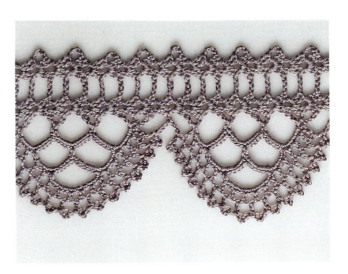

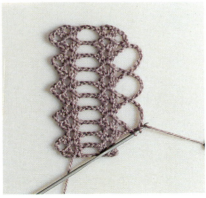

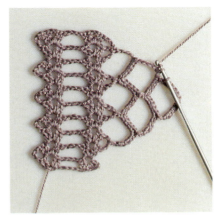

# Häkelspitzen, Borten und Bordüren

**Bogenbordüre mit Randpikots**

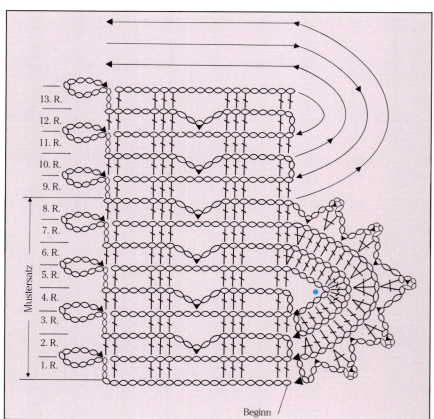

# Häkelspitzen, Borten und Bordüren

## Sonnenspitze

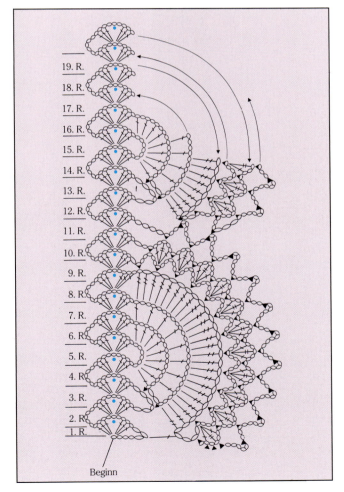

# Häkelspitzen, Borten und Bordüren

## Rautenborte mit Bogenrand

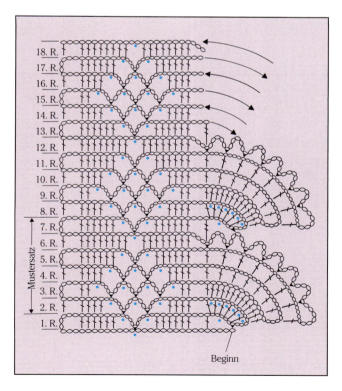

# Häkelspitzen, Borten und Bordüren

## Durchbruchspitze

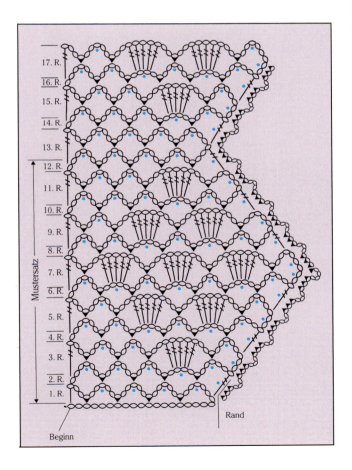
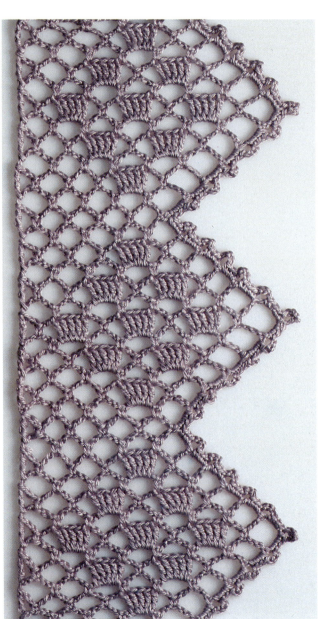

# Häkelspitzen, Borten und Bordüren

## Breite Zackenspitze

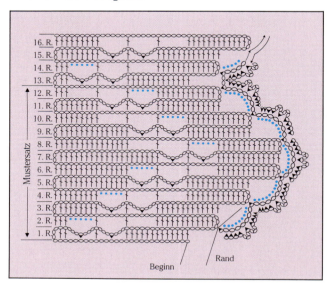

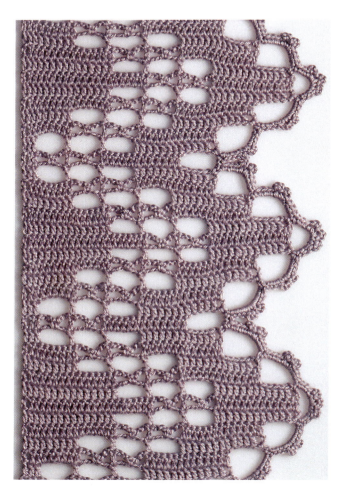

## Fächerborte

## Häkelspitzen, Borten und Bordüren

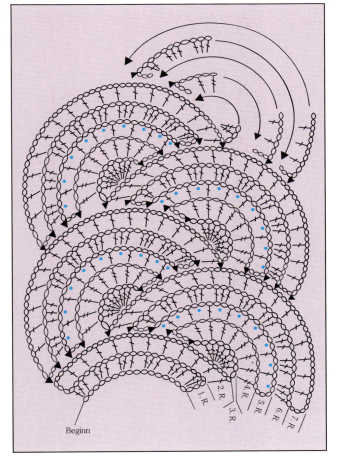

# Häkelspitzen, Borten und Bordüren

### Randspitze für Kinderschürze
Breite 7 cm, Länge 70 cm.

**Material**
Perlgarn Nr. 8,
Farbe Flieder – 40 g;
Häkelnadel Nr. 1,25.

**Anleitung**
Nach der Symbolzeichnung zwei 70 cm lange Borten häkeln. Die fertigen Teile leicht spannen, dämpfen und an die Schürze nähen.

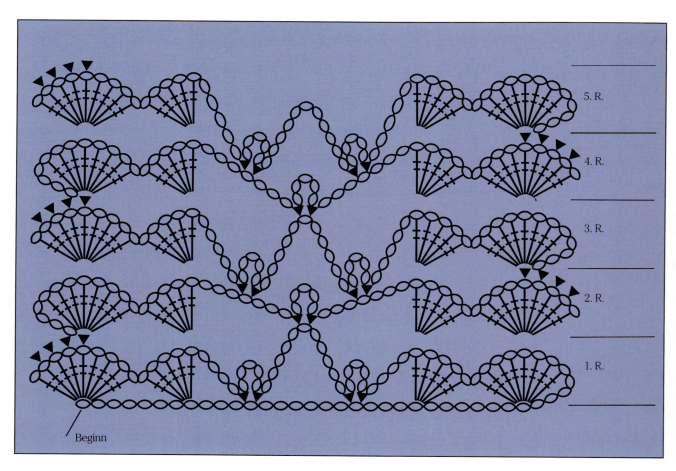

# Häkelspitzen, Borten und Bordüren

# Häkelspitzen, Borten und Bordüren

## Häkelkragen

Halsweite 40 cm, Breite 7 cm.

### Material
Glanzhäkelgarn Nr. 20,
Lauflänge 10 g = 64 m,
Farbe Weiß – 20 g;
Häkelnadel Nr. 2.

### Anleitung
Anschlag 155 Luftmaschen.
Den Kragen nach der Symbolzeichnung häkeln. Das fertige Teil leicht spannen und dämpfen.

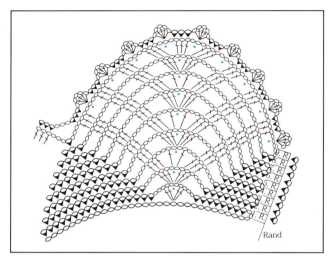

# Häkelspitzen, Borten und Bordüren

## Kinderkragen
Halsweite 27 cm, Breite 6 cm.

### Material
Glanzhäkelgarn Nr. 20,
Lauflänge 10 g = 64 m,
Farbe Weiß – 20 g;
Häkelnadel Nr. 1,5.

### Anleitung
Anschlag 103 Luftmaschen.
Nach der Symbolzeichnung häkeln. Für die Zunahmen in der 2., 5. und 8. Reihe jede zweite Stäbchengruppe doppelt arbeiten, insgesamt 9 Reihen. Am inneren Rand des Kragens beidseitig je eine 20 cm lange Luftmaschenkette anhäkeln. Über diese Ketten und den Halsrand des Kragens 2 Reihen feste Maschen häkeln.

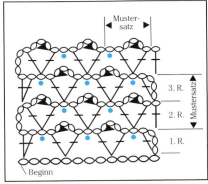

# Angesetzte Spitzen

Für das Verschönern von Stoffkanten mit Häkelspitzen gibt es mehrere Möglichkeiten. Die Häkel- oder Nahtverbindungen sollten aber immer sehr exakt ausgeführt werden. Natürlich müssen auch Stoff und Spitze qualitativ und farblich gut aufeinander abgestimmt sein.

Zunächst wird der Stoff fadengerade abgeschnitten und der Saum so breit umgebügelt, wie die festen Maschen später eingestochen werden. Die Stoffkante nun mit Heftstichen befestigen (Abb. 1). Bei feineren Stoffen, wie Batist und Seide, kann der Saum auch gerollt werden.

Die Abbildung 2 zeigt den fertig gehefteten Saum von der rechten Seite. Die Stoffkante wird nun mit festen Maschen umhäkelt und zwar mit dem Garn, aus dem die Spitze gearbeitet ist (Abb. 3). Dabei läßt man zwischen den Maschen so viele Gewebefäden Abstand, daß die Häkelreihe gerade liegt. Sie darf weder spannen noch wellen. Bei dichtgewebten Stoffen empfiehlt es sich, diese Reihe mit einer etwas dünneren Häkelnadel zu arbeiten. Eine andere Möglichkeit, um besser einstechen zu können, ist das Ausziehen eines Gewebefadens. Auf der Abbildung 4 ist der Saum mit einer Hohlnaht gesichert. Beim Häkeln wird in die Zwischenräume der gebündelten Gewebefäden eingestochen.

Auf der Abbildung 5 sind mehrere Gewebefäden ausgezogen und ein doppelter Hohlsaum gearbeitet. Es ist sehr wichtig, daß die Anzahl der umhäkelten festen Maschen mit dem Mustersatz der Spitze übereinstimmt. Um bei Eckbildungen das Zählen zu vermeiden, arbeitet man den Saum vorerst nur auf einer Seite. Auf die festen Maschen wird gleich mit einem neuen Knäuel die 1. Musterreihe gehäkelt und die Ecke festgelegt. Erst dann wird der Saum der 2. Seite umgebügelt und umhäkelt (Abb. 6).

Abb. 1

Abb. 4

Abb. 2

Abb. 5

Abb. 3

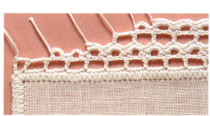
Abb. 6

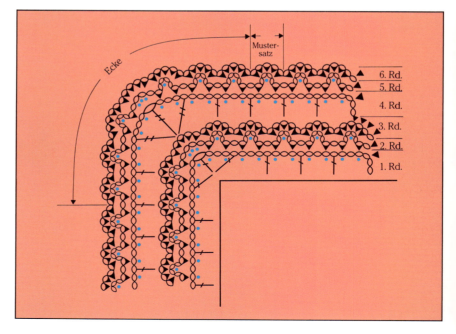

# Angesetzte Spitzen

Die Spitze wird in der gewünschten Länge über einen Luftmaschenanschlag gearbeitet und gespannt. Beim Umhäkeln des Stoffes sticht man zunächst in das Gewebe ein und dann in das untere Luftmaschenglied der Spitze. Nun den Faden umschlagen und durchziehen. Die festen Maschen wie gewohnt beenden.

Zunächst wird die Spitze in der entsprechenden Länge gearbeitet, gespannt und der Stoff mit festen Maschen umhäkelt. Die Verbindung besteht aus festen Maschen, getrennt durch je 2 Luftmaschen, die abwechselnd in den Stoffabschluß und die Häkelspitze gearbeitet werden.

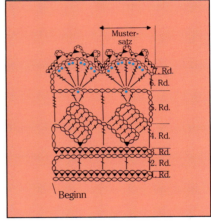

Die Spitze häkeln und spannen. Beim Umhäkeln des Stoffes wird die Spitze mit angehängt: 3 feste Maschen um den Stoff, *1 Luftmasche, 1 feste Masche in die Häkelspitze, 1 Luftmasche, nach einigen Gewebefäden Abstand 3 feste Maschen um den Stoff*.

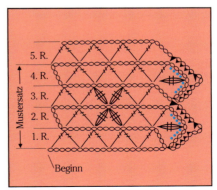

151

# Angesetzte Spitzen

Hier werden um den Stoff Feston- oder Knopflochstiche gearbeitet und bei jedem Stich 1 Masche am Rand der Häkelspitze mitgefaßt. Die Abbildung 1 zeigt die Vorderseite und die Abbildung 2 die Rückseite.

Vorderseite

Rückseite

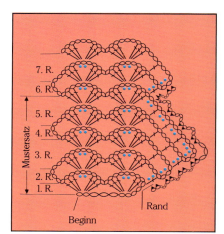

Diese Spitze wird in der gewünschten Länge gearbeitet, gespannt und der Stoff mit festen Maschen umhäkelt. Die beiden Teile werden zusammengenäht, indem abwechselnd die rückwärtigen Maschenglieder einer festen Masche und 1 Masche der Häkelspitze aufgefaßt werden. Die Abbildung 3 zeigt die Vorderseite und die Abbildung 4 die Rückseite.

Vorderseite

Rückseite

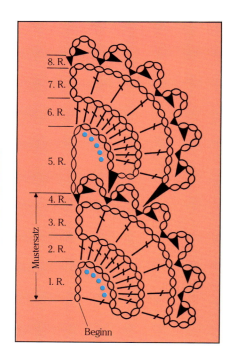

# Angesetzte Spitzen

Diese Spitze wird über einen Luftmaschenanschlag gehäkelt und bekommt als Abschluß an der unteren Kante 1 Reihe feste Maschen. Den Stoff mit festen Maschen so umhäkeln, daß die Anzahl von festen Maschen an Stoff und Spitze gleich sind. Die beiden Teile werden mit Vorstichen zusammengenäht, die zwischen den Abmaschgliedern der festen Maschen gearbeitet werden: *in die feste Masche am Stoffrand einstechen, bei der gegenüberliegenden festen Masche der Spitze ausstechen, in die nächste feste Masche einstechen und bei der gegenüberliegenden festen Masche am Stoffrand ausstechen*.

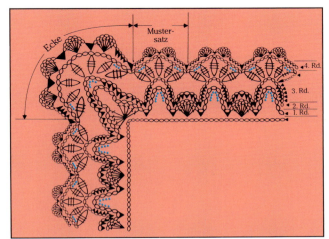

Eine Häkelverbindung über Eck wird hier an einer einfachen fortlaufenden Spitze gezeigt: *1 feste Masche auf den Stoffabschluß, 2 Luftmaschen, 1 feste Masche um den Luftmaschenbogen der Spitze, 2 Luftmaschen, 3 Maschen am Stoffrand übergehen*. An der Ecke werden mit den festen Maschen jeweils 2 Luftmaschenbögen der Spitze zusammengefaßt und nur je 1 Masche am Stoffrand übergangen.

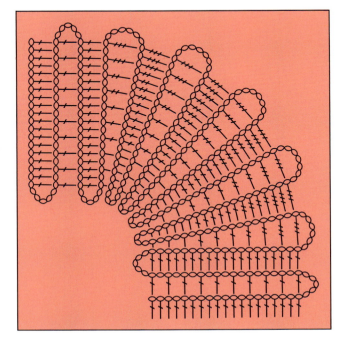

# Angesetzte Spitzen

Die Taschentuchspitzen auf den folgenden Seiten sind mit Spitzengarn gearbeitet. Bis zu einer Breite von 1,5 cm benötigt man für ein Tuch 1 Knäuel Garn, für breitere Spitzen 2 Knäuel. Tücher mit gesticktem Lochrand gibt es im Fachhandel, man kann aber auch Batist oder Seide vom Meter umhäkeln (siehe Seite 162). Als Basis für die Häkelspitzen dient 1 Reihe feste Maschen, Tücher mit Lochrand werden umhäkelt mit 1 Reihe: *1 feste Masche, 1 Luftmasche*. Diese Grundreihe ist in den Symbolzeichnungen nicht dargestellt. Natürlich können die Häkelspitzen auch aus stärkerem Garn gearbeitet werden und andere Textilien verzieren.

## Spitzen an geraden Kanten

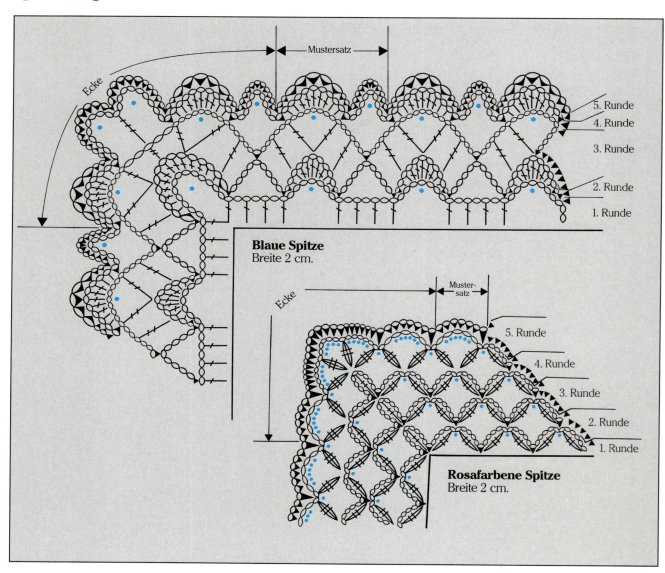

# Angesetzte Spitzen

## Angesetzte Spitzen

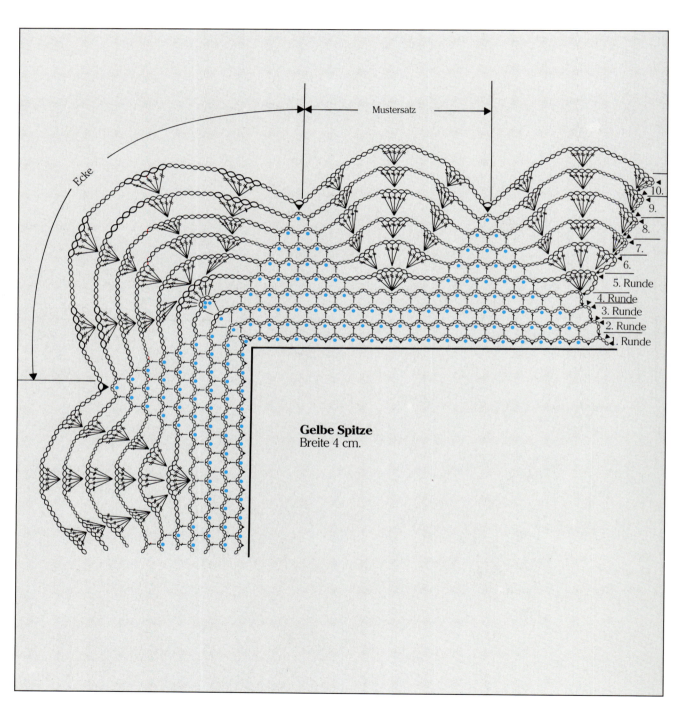

**Gelbe Spitze**
Breite 4 cm.

# Angesetzte Spitzen

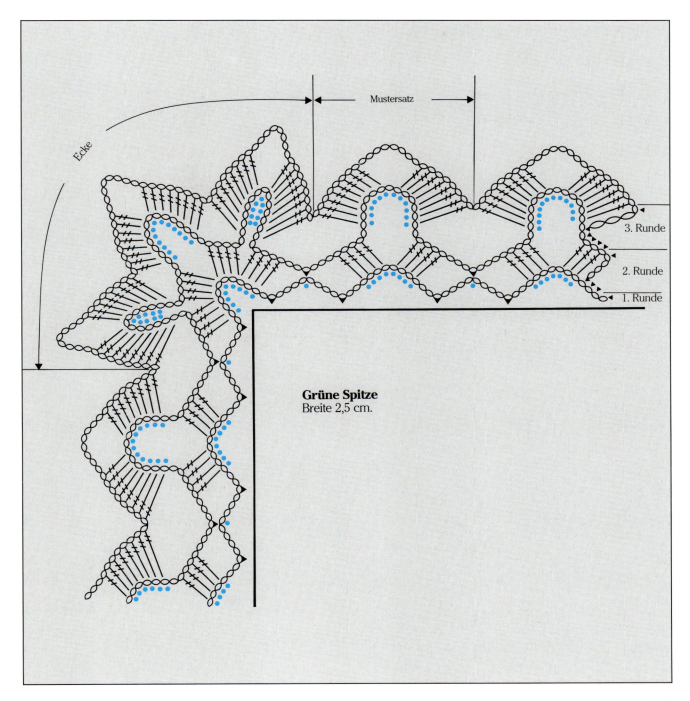

**Grüne Spitze**
Breite 2,5 cm.

# Angesetzte Spitzen

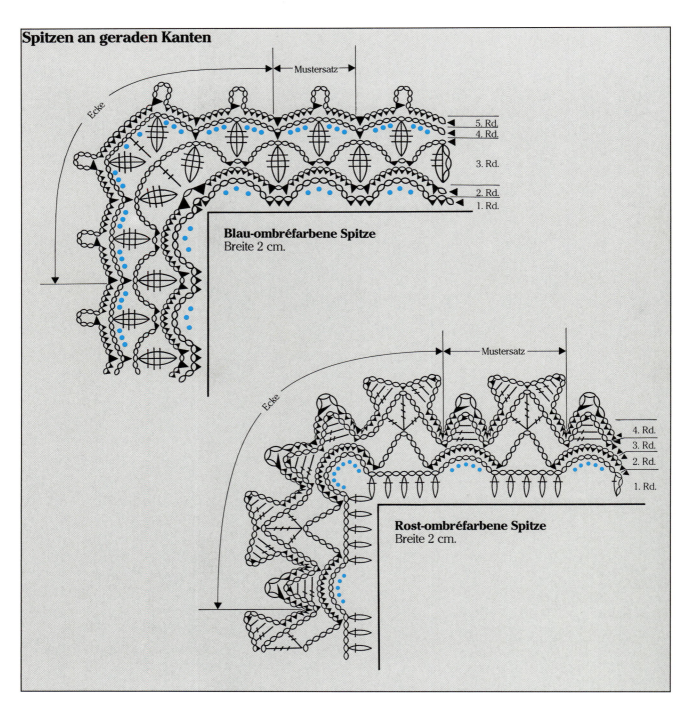

Spitzen an geraden Kanten

Blau-ombréfarbene Spitze
Breite 2 cm.

Rost-ombréfarbene Spitze
Breite 2 cm.

# Angesetzte Spitzen

## Angesetzte Spitzen

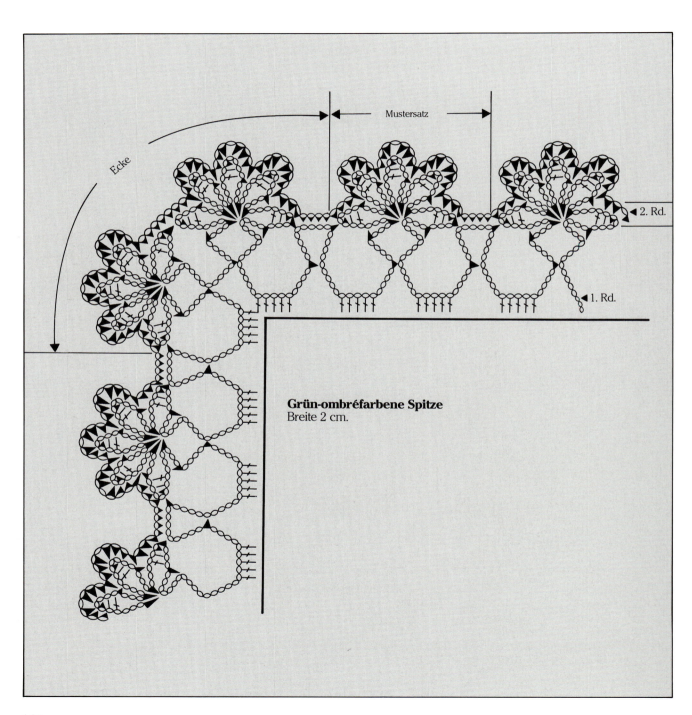

**Grün-ombréfarbene Spitze**
Breite 2 cm.

# Angesetzte Spitzen

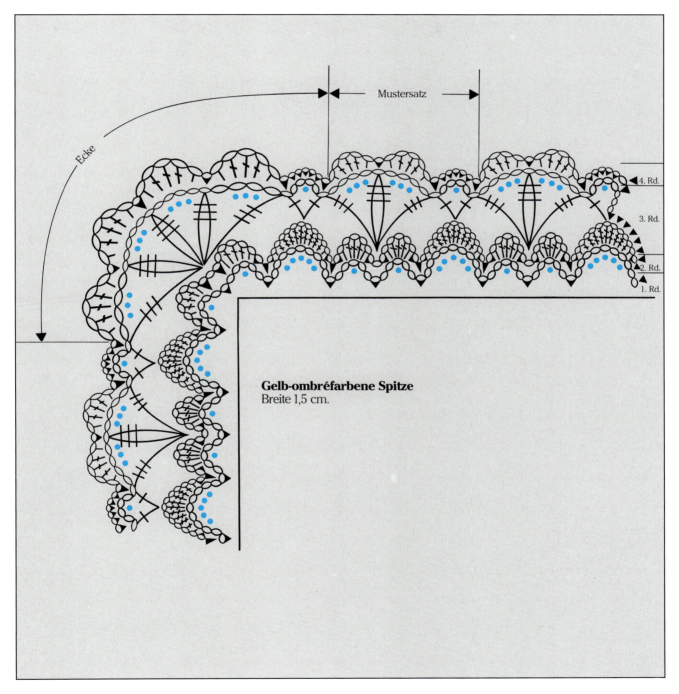

**Gelb-ombréfarbene Spitze**
Breite 1,5 cm.

## Angesetzte Spitzen

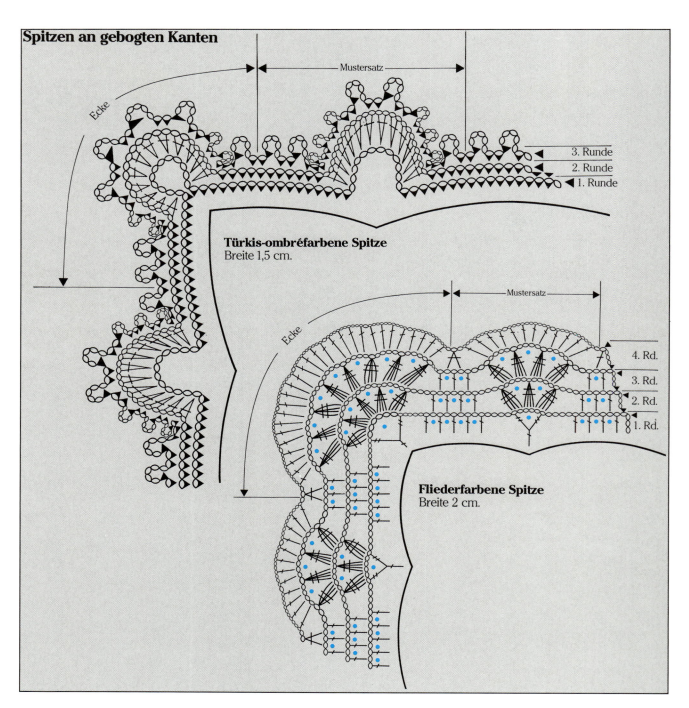

**Spitzen an gebogten Kanten**

**Türkis-ombréfarbene Spitze**
Breite 1,5 cm.

**Fliederfarbene Spitze**
Breite 2 cm.

# Angesetzte Spitzen

## Angesetzte Spitzen

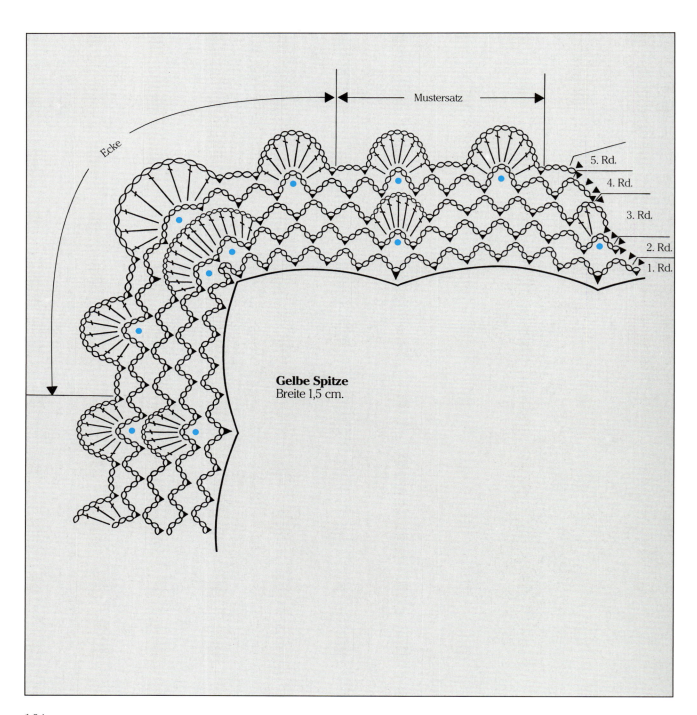

Gelbe Spitze
Breite 1,5 cm.

# Angesetzte Spitzen

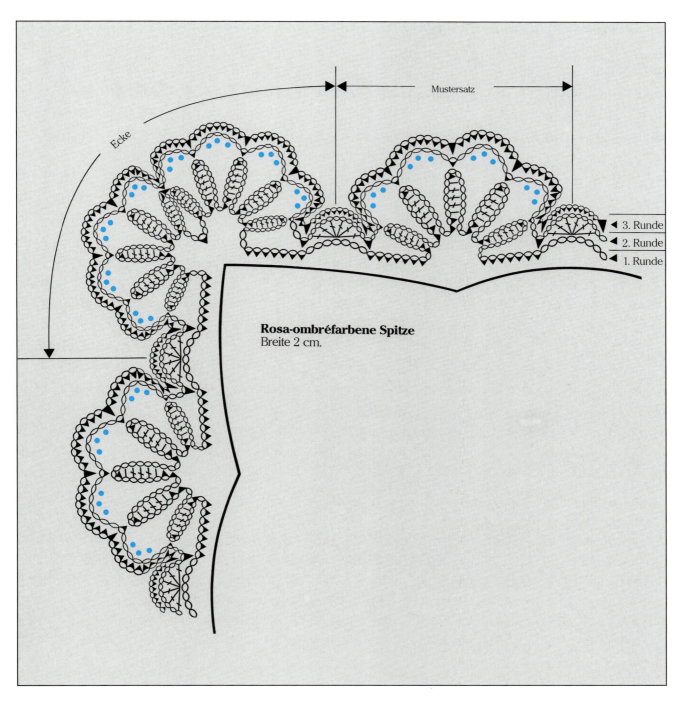

**Rosa-ombréfarbene Spitze**
Breite 2 cm.

## Angesetzte Spitzen

### Rockbordüre
5 cm breit und 200 cm lang.

### Material
Mercerisiertes Baumwollgarn, Lauflänge 50 g = 153 m, Farbe Ecrú – 50 g; Häkelnadel Nr. 1,75.

### Anleitung
Den Rocksaum umhäkeln mit 1 Reihe: *1 feste Masche, 1 Luftmasche*. Die Borte nach der Zeichnung anhäkeln.

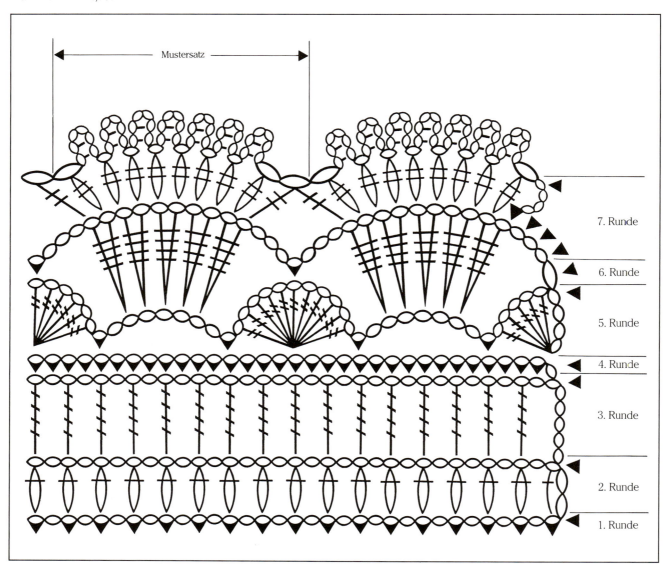

# Angesetzte Spitzen

# Angesetzte Spitzen

## Tischdecke
Durchmesser 150 cm.

### Material
Mercerisiertes Baumwollgarn,
Lauflänge 50 g = 306 m,
Farbe Rosa – 150 g;
Häkelnadel Nr. 1,5;
140 cm Baumwollstoff, 140 cm breit.

### Muster
1. Runde: *8 Luftmaschen, 3mal 7 Luftmaschen und 1 Kettmasche in die 8. Luftmasche*. Die Runde endet mit 1 Kettmasche in die Anfangsluftmasche.
2. Runde: *8 Luftmaschen, 3mal 7 Luftmaschen und 1 Kettmasche in die 8. Luftmasche, 7 Luftmaschen, 1 feste Masche von hinten in die Mitte der Blüte der Vorreihe*. Die Runde endet mit einem fünffachen Stäbchen in eine Blüte.
2. Runde: fortlaufend wiederholen.

### Maschenprobe
6 Mustersätze in der Breite und 5 Reihen = 10 x 6 cm.

### Außenkreis
Im Muster häkeln, dabei die 1. Runde 4,30 m lang arbeiten.

### Innenkreis
Im Muster häkeln, jedoch in der 1. Runde statt der 8 Luftmaschen nur jeweils 5 Luftmaschen arbeiten. Diese Runde ist 1,50 m lang.

### Fertigstellung
Die beiden Bordüren kreisförmig aufstecken und dämpfen. Den Stoff mit 1,40 m Durchmesser rund zuschneiden und abkurbeln. Den Saum ½ cm breit umbücken und knappkantig absteppen. Den Außenkreis auf der Naht festnähen. Vom Mittelpunkt ausgehend einen Kreis mit 48 cm Durchmesser mit Heftfaden markieren und den Innenkreis darauf nähen. Die äußeren Blüten ebenfalls festnähen.

# Angesetzte Spitzen

# Motivmuster

Einzelne Häkelmotive kann man sehr gut miteinander verbinden. So entstehen beliebig große Flächen für Decken, Läufer, Kissenhüllen usw.
Zunächst wird ein Motiv fertiggehäkelt. Das 2. Motiv wird mit Kettmaschen an das 1. angehängt, das 3. Motiv an das 2. und das 4. Motiv schließt an das 1. und 3. Muster. Ergeben sich dabei größere Zwischenräume, wird ein Verbindungsmotiv eingefügt.

## Kreismotive mit einfacher Mittelverbindung

Abb. 1
Hier entsteht die Abschlußrunde des 1. Motives.

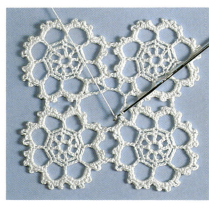

Abb. 2
Der große Zwischenraum wird gefüllt mit Luftmaschen und Stäbchen, die in die Picots der Motive eingestochen werden.

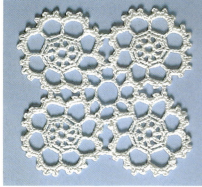

Abb. 3
Fertige Musterverbindung.

# Motivmuster

## Kreismotive mit kreuzförmiger Mittelverbindung

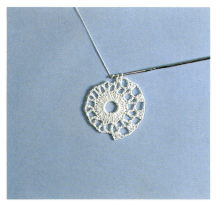

Abb. 1
Hier entsteht die vorletzte Runde des 1. Motives.

Abb. 2
Die Mittelverbindung wird in der letzten Runde des 4. Motives mit Luftmaschen und Kettmaschen gearbeitet.

Abb. 3
Fertige Musterverbindung.

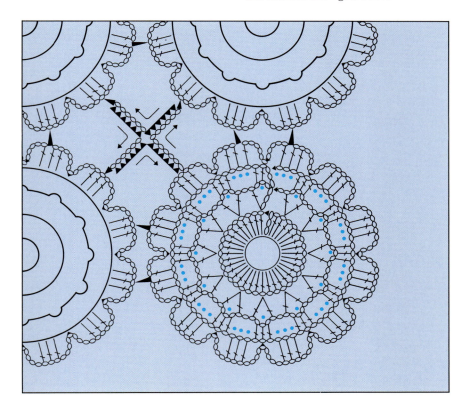

# Motivmuster

## Quadratische Motive mit kreuzförmiger Mittelverbindung

Abb. 1
Hier entsteht die Abschlußrunde des 1. Motives.

Abb. 2
Für die Mittelverbindung wird eine Luftmaschenkette nach der Zeichnung angehängt und anschließend überhäkelt. Diesen Vorgang 3mal wiederholen und die Runde mit 1 Kettmasche schließen.

Abb. 3
Fertige Musterverbindung.

# Motivmuster

## Musterverbindung mit kleinen und großen Rundmotiven

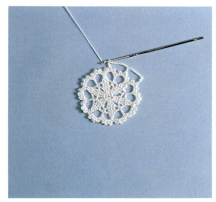

Abb. 1
Bei der vorletzten Runde des großen Motives wird neu begonnen.

Abb. 2
In der letzten Runde hängt man den kleinen Kreis mit Kettmaschen an die großen Motive.

Abb. 3
Fertige Musterverbindung.

Motivmuster

### Tischläufer
72 x 32 cm,

### Material
Hübner-Wolle „Mikado",
Lauflänge 50 g = 145 m,
Farbe Ecrú – 150 g;
Häkelnadel Nr. 3.

### Anleitung
Der Läufer besteht aus einzelnen Motiven, die nach der Symbolzeichnung gehäkelt und jeweils in der letzten Runde mit Kettmaschen aneinander gehängt werden. Man arbeitet in der Länge 11 Motive und in der Breite 5. Den fertigen Läufer von links leicht spannen, anfeuchten und trocknen lassen.

# Motivmuster

# Motivmuster

## Lampenschirm
Durchmesser 30 cm.

### Material
Kunstseiden-Häkelgarn,
Lauflänge 50 g = 110 m,
Farbe Beige – 250 g;
Häkelnadel Nr. 1,5;
12 Plastikringe, 3,5 cm Durchmesser;
15 cm Batist, Farbe Natur;
Lampenschirmgestell, 30 cm Durchmesser.

### Anleitung
Die Ringe nach der Symbolzeichnung umhäkeln und kreisförmig aneinander hängen. Den oberen Rand nach der Zeichnung mit Luftmaschen und Kettmaschen begradigen und mit Stäbchen überhäkeln. Dabei der Form des Gestelles folgen und bei Bedarf abnehmen (Stäbchen zusammen abmaschen). Den unteren Rand ebenfalls begradigen und 10 cm lange Luftmaschenketten anhäkeln. Die Fransen unten knoten, damit sie schön fallen. Die Musterborte mit dem Batist abfüttern und den Bezug von links an das Gestell nähen.

# Motivmuster

# Motivmuster

## Schultertuch
Längsseite 2 m.

### Material
Hübner-Wolle „Amaro",
Lauflänge 50 g = 180 m,
Farbe Lachs – 550 g;
Häkelnadel Nr. 3,5.

### Anleitung
Die einzelnen Quadrate nach der Symbolzeichnung häkeln und entsprechend der Schemazeichnung aneinanderhängen. Die obere Kante des Tuches mit halben Quadraten begradigen und darüber 1 Reihe feste Maschen häkeln. Den Rand an den Seiten nach der Zeichnung arbeiten. Zuletzt in die Luftmaschenbögen 10 cm lange Fransen aus je 8 Fäden einknüpfen.

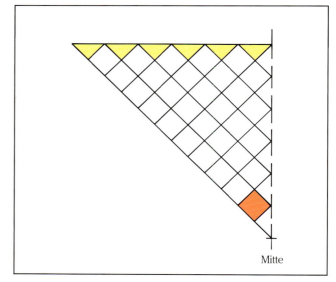

Mitte

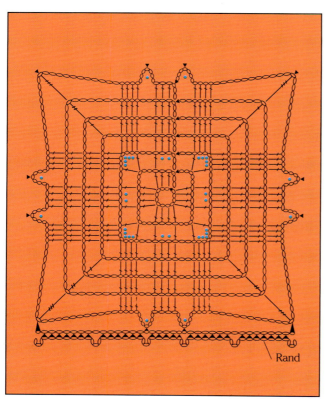

Rand

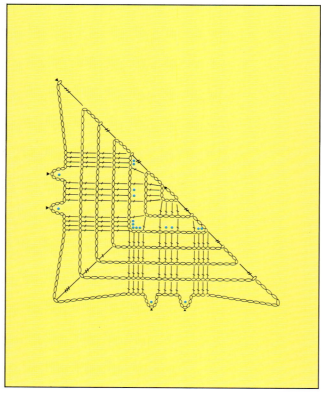

# Motivmuster

# Motivmuster

### Tischdecke
110 x 110 cm.

### Material
Mercerisiertes Baumwollgarn,
Lauflänge 50 g = 306 m,
Farbe Rot – 400 g;
Häkelnadel Nr, 1,75.

### Anleitung
Die Decke besteht aus 144 Einzelmotiven, die nach der Symbolzeichnung gehäkelt werden. Dabei sticht man die feste Masche stets in das hintere Maschenglied der Vorrunde. In der letzten Runde werden die Motive jeweils mit Kettmaschen aneinander gehängt.

Als Abschluß um die Decke den Rand nach der Zeichnung häkeln.
Die fertige Decke leicht spannen und dämpfen.

# Motivmuster

# Bunte Motive

Für diese Häkelei lassen sich bestens Garn- und Wollreste in ähnlicher Stärke aufarbeiten. In der farblichen Gestaltung sind der Fantasie dabei keine Grenzen gesetzt.

Die Motive können problemlos zu größeren Flächen zusammengefügt werden, indem man in der letzten Runde mit Kettmaschen anhängt (siehe Kapitel Motivmuster). Die Teile können aber auch zusammengenäht werden.

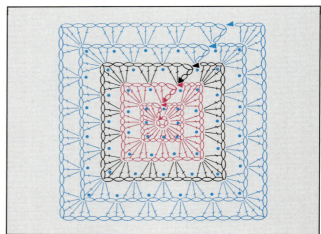

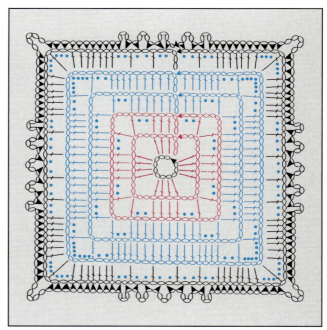

# Bunte Motive

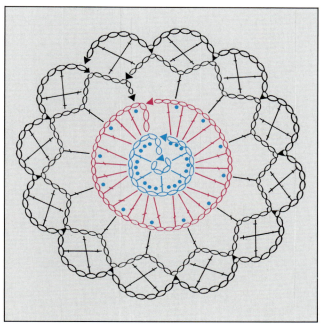

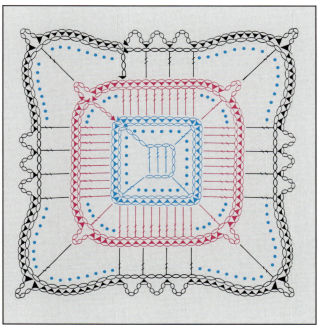

# Bunte Motive

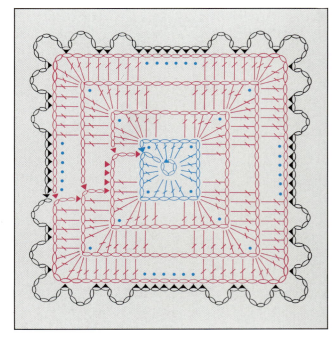

**Bunte Motive**

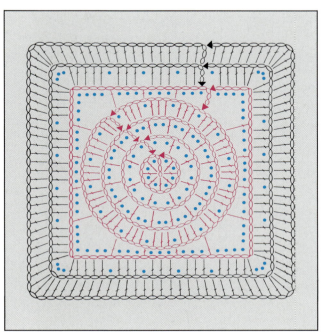

**Bunte Motive**

### Grün-beiges Kissen
40 x 40 cm

**Material**
Perlgarn Nr. 8.
Lauflänge 5 g = 4,4 m,
Farbe Grün – 70 g,
Farbe Beige – 60 g;
Häkelnadel Nr. 1,25;
farblich passende Kissenhülle,
40 x 40 cm.

**Anleitung**
Die Kissenplatte besteht aus 36 Quadraten, die nach der Symbolzeichnung gehäkelt und in der letzten Runde mit Kettmaschen aneinander gehängt werden. Das fertige Teil von links leicht spannen, dämpfen und auf die Kissenhülle nähen.

### Gelb-beiges Kissen
40 x 40 cm

**Material**
Perlgarn Nr. 8,
Lauflänge 5 g = 4,4 m,
Farbe Gelb – 60 g,
Farbe Beige – 60 g;
Häkelnadel Nr. 1,25;
farblich passende Kissenhülle
40 x 40 cm.

**Anleitung**
siehe grün-beiges Kissen.

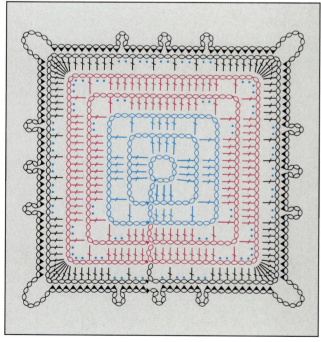

# Bunte Motive

# Irische Häkelei

Bei der irischen Häkelei werden Motive wie Blüten und Blätter nach einer Zeichnung einzeln gehäkelt. Sie werden meist nach freiem Formempfinden miteinander verbunden oder in einen Tüllgrund eingearbeitet. Als Häkelgarn verwendet man feine bis mittelstarke, hochgedrehte Baumwollqualitäten. Vielfach wird über einen Einlagefaden gearbeitet, um dem gehäkelten Teil mehr Struktur und Stabilität zu geben.
Wem die gezeigten Modelle in dieser anspruchsvollen Technik zu schwierig sind, der kann natürlich auch Einzelmotive auf Bekleidungsteile aufnähen. So wird aus einem schlichten Pulli ein ganz individuelles Stück.

## Blatt mit Mittelader

Man beginnt mit einer Luftmaschenkette, über die die 1. Runde gehäkelt wird (Abb. A). Nach der halben Runde die Arbeit um 180° drehen und über die Anschlag-Luftmaschen die 2. Hälfte der Runde arbeiten (Abb. B). Die Kettmaschen der 2. Runde werden stets in das hintere Maschenglied eingestochen. Abb. C zeigt das fertige Blatt.

Abb. A   Abb. B   Abb. C

## Blatt mit Stiel

Über die Anschlag-Luftmaschen werden feste Maschen, halbe Stäbchen und Stäbchen nach der Zeichnung gehäkelt. Die Arbeit nun um 180° drehen und 1 Runde feste Maschen über 2 Einlegefäden arbeiten (Abb. D + E). Am Ende der Runde für den Stiel mehrere feste Maschen über die Einlegefäden häkeln. Abb. F zeigt das fertige Blatt.

Abb. D   Abb. E   Abb. F

# Irische Häkelei

## Blatt mit Durchbruch

Das Blatt wird in 3 Reihen gearbeitet: Über den Luftmaschen-Anschlag wird die 1. Reihe gehäkelt (Abb. A). Nun die Arbeit wenden. Auf Abb. B entsteht die 2. Reihe. Erneut die Arbeit wenden und die 3. Reihe häkeln. Abb. C zeigt das fertige Blatt.

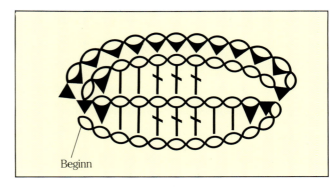

Abb. A

Abb. B

Abb. C

## Filigranes Blatt

Bei diesem Blatt werden die Runden fortlaufend im Kreis gearbeitet. Abb. D zeigt die Entstehung der 2. Runde und Abb. E die Kettmaschen der letzten Runde. Sie werden stets in das hintere Maschenglied eingestochen. Abb. F zeigt das fertige Blatt.

Abb. D

Abb. E

Abb. F

# Irische Häkelei

## Geripptes Blatt mit 7 Zacken

Das Blatt besteht im wesentlichen aus festen Maschen. Da sie jeweils in das hintere Maschenglied eingestochen werden entstehen Rippen. Abb. A zeigt das Entstehen der 2. Reihe und Abb. B die 4. Reihe. Auf Abb. C sehen Sie das fertige Blatt. Die Rippenstruktur kann durch einen Einlagefaden noch mehr betont werden.

Abb. A  Abb. B  Abb. C

## Dreiteiliges geripptes Blatt

Nach der obigen Zeichnung wird zunächst ein Blatt mit 7 Zacken und ein Blatt mit 5 Zacken gearbeitet (Abb. D). Die Blätter werden rechts auf rechts an der Seitenkante aufeinandergelegt, dabei steht das kleinere Blatt am oberen Rand 2 Maschen über. Auf diese Kante wird nun 1 Reihe feste Maschen gehäkelt, indem in das hintere Glied des kleinen Blattes und das vordere Glied des großen Blattes eingestochen wird (Abb. E). Ein weiteres kleines Blatt häkeln und wie beschrieben an die rechte Kante des großen Blattes anhäkeln. Abb F zeigt das fertige Blatt.

Abb. D  Abb. E  Abb. F

# Irische Häkelei

## Veilchenblatt

Man beginnt mit einem Fadenring, über den die 1. Runde gehäkelt wird. Bei allen nachfolgenden Runden werden die festen Maschen und die Kettmaschen jeweils in das hintere Maschenglied eingestochen. Auf Abb. A sehen Sie die Entstehung der 2. Runde und auf Abb. B die 5. Runde. Abb. C zeigt das fertige Blatt.

Abb. B

Abb. C

Abb. A

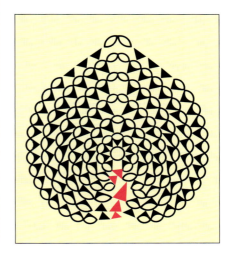

## Stiel mit 5 Blättern

Man beginnt mit den unteren Luftmaschen des Stiels, arbeitet das 1. Blatt, und geht mit Luftmaschen weiter zum 2. Blatt (Abb. D). Nach dem 3. Blatt geht man mit festen Maschen über die letzten Luftmaschen des Stieles und arbeitet das 4. Blatt (Abb. E). Nun wieder feste Maschen und Kettmaschen auf die Luftmaschen des Stieles, das 5. Blatt häkeln und den Stiel fertigstellen. Abb. F zeigt das fertige Motiv.

Abb. F

Abb. E

Abb. D

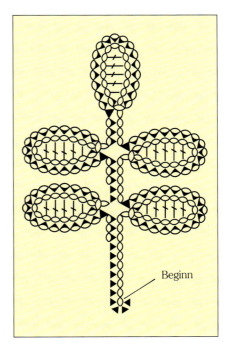

Beginn

# Irische Häkelei

Die folgenden Blüten werden in Runden gearbeitet. Die einzelnen Runden beginnen mit Luftmaschen und enden mit Kettmaschen.

## Geschlossene Blüte

Man beginnt mit einem Luftmaschen-Ring, über den die 1. Runde gearbeitet wird (Abb. A). Abb. B zeigt die Entstehung der 3. Runde und Abb. C die fertige Blüte.

Abb. B

Abb. A

Abb. C

## Offene Blüte

Man beginnt ebenfalls mit einem Luftmaschen-Ring. Abb. D zeigt die Entstehung der 2. Runde und Abb. E die 3. Runde. Die fertige Blüte sehen Sie auf Abb. F.

Abb. E

Abb. D

Abb. F

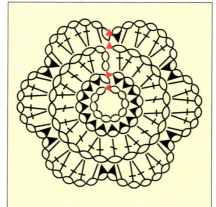

# Irische Häkelei

## Sonnenblüte

Die 1. Runde dieser Blüte wird über einen Fadenring gearbeitet. Abb. A zeigt die Entstehung der 3. Runde. Die Blütenblätter der 5. Runde werden wie folgt gearbeitet: *7 Luftmaschen, um den Luftmaschen-Bogen der Vorrunde 6 sechsfache Stäbchen, die zusammen abgemascht werden, 7 Luftmaschen, 1 feste Masche auf die feste Masche der Vorrunde* (Abb. B). Abb. C zeigt die fertige Blüte.

Abb. B

Abb. A

Abb. C

## Ovale Blüte

Die Blütenmitte wird plastisch durch die Kettmaschen der 3. Runde, die jeweils in das vordere Maschenglied eingestochen werden. Die festen Maschen der 4. Runde sticht man in das hintere Maschenglied der 2. Runde ein (Abb. D). Abb. E zeigt die Entwicklung der Abschlußrunde und Abb. F die fertige Blüte.

Abb. E

Abb. D

Abb. F

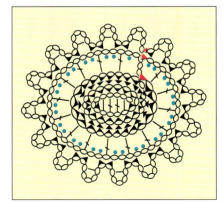

# Irische Häkelei

## Fächerblüte

Man beginnt mit einem Fadenring, über den die 1. Runde gehäkelt wird. Abb. A zeigt die Entwicklung der 4. Runde. Die Blütenblätter der letzten Runde entstehen wie folgt: *1 feste Masche auf das halbe Stäbchen, 1 feste Masche um den nächsten Luftmaschen-Bogen, 6 Luftmaschen, die Arbeit wenden, 1 Stäbchen um den letzten Luftmaschen-Bogen der Vorrunde (Abb. B), 3 Luftmaschen, die Arbeit wenden, 11 Stäbchen um den Bogen aus 6 Luftmaschen* Abb. C zeigt die fertige Blüte.

Abb. A

Abb. B

Abb. C

## Kleine Sternblüte

Die 1. Runde wird über einen Fadenring gearbeitet. Abb. D zeigt den Beginn der 3. Runde. Die Blütenblätter werden wie folgt gearbeitet: *1 feste Masche auf die feste Masche der Vorrunde, 5 Luftmaschen, um den Luftmaschen-Bogen 1 dreifaches Stäbchen, 1 Doppelstäbchen, 1 Stäbchen, 1 halbes Stäbchen, 1 feste Masche. Diese Maschen werden bis auf ein Glied abgemascht, so daß 6 Schlingen auf der Nadel liegen. Diese Schlingen paarweise abhäkeln. Auf die Abmaschglieder je 1 Kettmasche häkeln* (Abb. E). Abb. F zeigt die fertige Blüte.

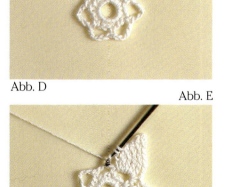

Abb. D

Abb. E

Abb. F

# Irische Häkelei

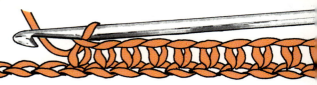

## Vierblättrige Blüte

Über einen Ring aus 7 Luftmaschen wird die 1. Runde gehäkelt. Abb. A zeigt die Entstehung der 2. Runde. Die Maschen der 4. Runde werden ausschließlich um die Luftmaschen-Bogen der letzten Runde gearbeitet (Abb. B). Abb. C zeigt die fertige Blüte.

Abb. A

Abb. B

Abb. C

## Durchbrochene Blüte

Die 1. Runde wird über einen Fadenring gearbeitet. Abb. D zeigt die Entwicklung der 5. Runde und Abb. E die 7. Runde. Auf Abb. F sehen Sie die fertige Blüte.

Abb. D

Abb. E

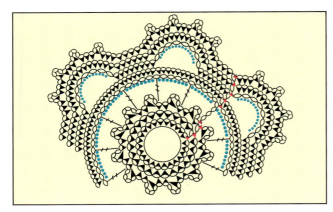

Abb. F

# Irische Häkelei

## Blüte mit Kreisrand

Man beginnt mit einem Ring aus 5 Luftmaschen. In der 3. Runde (Abb. A) werden über jeden Luftmaschen-Bogen der Vorrunde je 2 Blütenblätter gearbeitet. Am Ende dieser Runde den Faden abschneiden. Mit der 5. Runde an der Spitze eines Blütenblattes neu beginnen. Abb. B zeigt die letzte Runde und Abb. C das fertige Motiv.

Abb. B

Abb. C

Abb. A

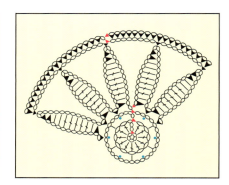

## Zweifarbige Sternblüte

Zunächst wird die Sternblüte in der Grundfarbe gehäkelt. Abb. D zeigt die Entwicklung eines Blütenblattes in der 3. Runde. Mit der 2. Farbe wird nun der Muschelkranz um die Luftmaschen-Bogen der 2. Runde gearbeitet (Abb. E). Abb. F zeigt die fertige Blüte.

Abb. E

Abb. F

Abb. D

# Irische Häkelei

## Filigrane Blüte

Über einen Fadenring wird die 1. Runde gehäkelt. Abb. A zeigt die Entwicklung eines Blattes. Über die Grundform aus Luftmaschen und Stäbchen wird noch 1 Runde Kettmaschen gearbeitet. Nach dieser Runde den Arbeitsfaden abschneiden. Um den Blütenblättern Halt zu geben, wird auf der Rückseite noch ein Luftmaschen-Ring aufgehäkelt (Abb. B). Abb. C zeigt die fertige Blüte.

Abb. B

Abb. A

Abb. C

## Blüte mit eingeschlagenen Blättern

Die 1. Runde wird über einen Fadenring gearbeitet. Abb. D zeigt die Entwicklung eines Blattes in der 4. Runde. Am Ende dieser Runde den Arbeitsfaden abschneiden. Zunächst 1 Blatt zum Mittelpunkt einschlagen, *in die Spitze des Blattes und die feste Masche der 1. Runde einstechen und eine feste Masche häkeln, das nächste Blatt einschlagen* (Abb. E). Abb. F zeigt die fertige Blüte.

Abb. D

Abb. E

Abb. F

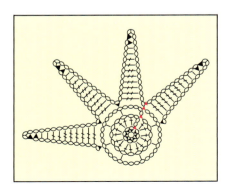

# Irische Häkelei

## Zweifarbige irische Blüte

Man beginnt mit 6 Luftmaschen in der Grundfarbe Weiß. Die Stäbchen der 1. Runde werden in die Anfangsluftmasche gearbeitet. Abb. A zeigt die Entwicklung der 2. Runde (= 1. Blütenkranz). Die Stäbchen der 3. Runde werden von hinten um die Stäbchen der 1. Runde gehäkelt (Abb. B.). Abb. C zeigt die Entwicklung der 4. Runde. Den fertigen 2. Blütenkranz sehen Sie auf Abb. D. Die Stäbchen der 5. Runde werden wieder von hinten um die Stäbchen der vorletzten Runde gehäkelt. Abb. E zeigt die Rückseite und Abb. F die Vorderseite der Blüte mit 3 Blütenkränzen. Auf dem Foto unten sehen Sie die fertige Blüte.

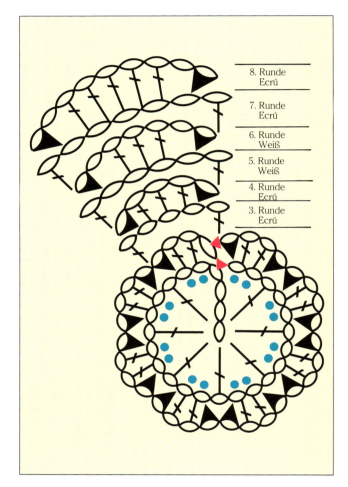

| | |
|---|---|
| 8. Runde | Ecrú |
| 7. Runde | Ecrú |
| 6. Runde | Weiß |
| 5. Runde | Weiß |
| 4. Runde | Ecrú |
| 3. Runde | Ecrú |

# Irische Häkelei

Abb. A  
Abb. B  
Abb. C  
Abb. D  
Abb. E  
Abb. F

Irische Häkelei

## Dreiteilige Blüte

Über einen Fadenring wird der Blütenkranz mit 9 Blättern in der Farbe Ecrú gearbeitet. Abb. A zeigt die Entwicklung des 2. Blattes und Abb. B den fertigen Kranz. Ebenfalls über einen Fadenring wird der Blütenkranz mit 7 Blättern in Farbe Weiß gehäkelt. Abb. C zeigt die Umrandung des 1. Blattes und Abb. D den fertigen Kranz. Auf Abb. E sehen Sie die Entwicklung der Blütenmitte. Diese wird auf den Kranz mit 7 Blättern gelegt. Die beiden Teile werden nun durch 1 Runde feste Maschen um den Innenkreis zusammengehäkelt (Abb. F), der große Kranz wird daruntergenäht. Abb. G zeigt die fertige Blüte.

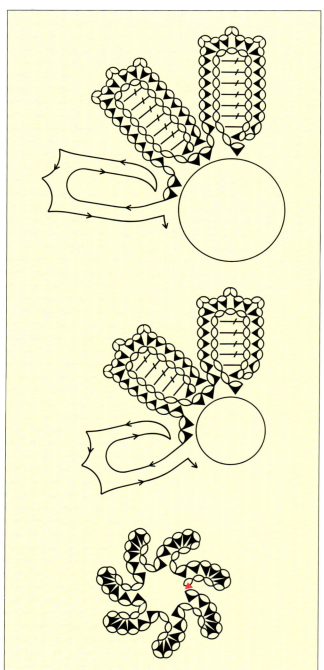

# Irische Häkelei

Abb. A

Abb. C

Abb. B

Abb. D

Abb. E

Abb. F

## Irische Häkelei

### Sechsblättrige Blume

Zunächst wird die Spirale für die Blütenmitte gearbeitet. Über 2 Einlegefäden werden dicht nebeneinander 13 feste Maschen gehäkelt und dann 1 feste Masche in die Anfangsmasche (= 1. Schlinge). Über die Einlegefäden 18 feste Maschen häkeln und die Schlinge schließen mit 1 festen Masche in die 6. feste Masche (Abb. A). Auf diese Weise weiterhäkeln (Abb. B) und eine Spirale mit 6 Schlingen arbeiten.

Die 6 Blütenblätter für den Kranz werden fortlaufend gehäkelt. Abb. C zeigt die Abschlußrunde des 1. Blattes und Abb. D die festen Maschen am Innenrand des 3. Blattes. Für den Stiel werden 26 Luftmaschen gehäkelt, ab der 20. Luftmasche mit Kettmaschen zurückgehen, das linke Blatt arbeiten, um die unteren Luftmaschen des Stengels mit Kettmaschen gehen, das rechte Blatt arbeiten und mit Kettmaschen am Stengel nach oben gehen (Abb. E). Um den Luftmaschenring nun den Blütenkelch aus Luftmaschen und Stäbchen häkeln (Abb. F). Über diese Reihe feste Maschen häkeln und mit Kettmaschen den Blütenkranz anhängen. Die Spirale mit kleinen Steppstichen um den Blütenkelch aufnähen. Abb. G zeigt die fertige Blume.

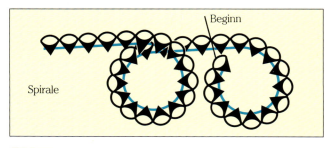

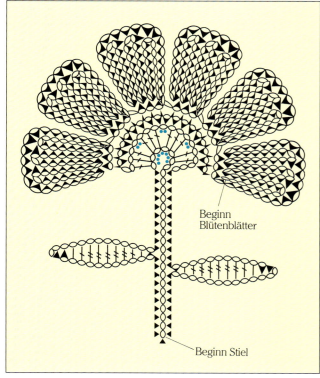

# Irische Häkelei

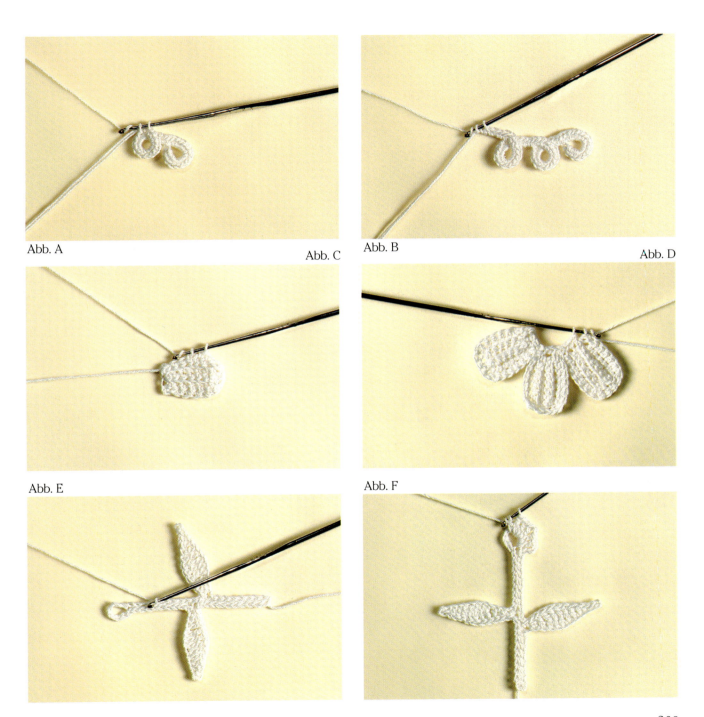

Abb. A　　　　　　　　　　　　　Abb. B  
Abb. C　　　　　　　　　　　　　Abb. D  
Abb. E　　　　　　　　　　　　　Abb. F

# Irische Häkelei

## Blätterbordüre

Die dreiteiligen gerippten Blätter nach der Anleitung auf Seite 206 häkeln, dabei an den Blattspitzen unten mit 1 Kettmasche aneinanderhängen und oben mit 1 Stäbchen. Die Blätter in der gewünschten Länge häkeln. Über den oberen Rand die Abschlußborte nach Zeichnung arbeiten.

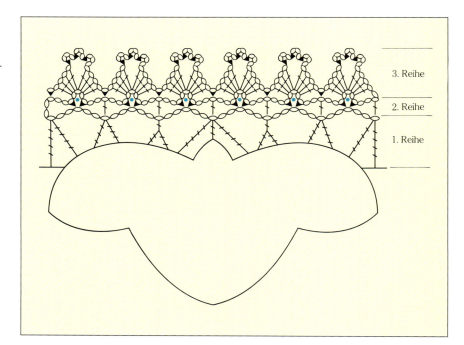

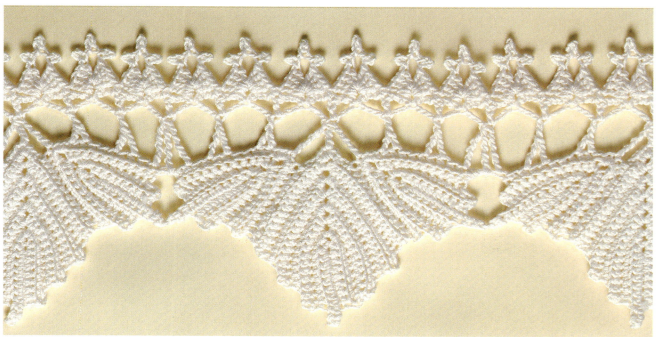

# Irische Häkelei

## Blütenborte mit geraden Rändern

Man beginnt mit der linken äußeren Blüte, die nach der Zeichnung gehäkelt wird. Die folgenden Motive werden jeweils durch 2 gehäkelte Bänder mit der letzten Blüte verbunden: die nächste Blüte bis zum Ende des 1. Blattes häkeln, 25 Luftmaschen, 1 Kettmasche zwischen das 3. und 4. Blatt der letzten Blüte, 1 Luftmasche, mit festen Maschen über die Luftmaschen-Kette zurückgehen. Das 2. Blütenblatt häkeln, 25 Luftmaschen, 1 Kettmasche zwischen das 4. und 1. Blatt der letzten Blüte, 1 Luftmasche, mit festen Maschen über die Luftmaschen-Kette zurückgehen, die letzten beiden Blütenblätter häkeln.

Auf diese Weise bis zur gewünschten Bortenlänge arbeiten. Über die gesamte Länge auf beiden Seiten die Abschlußkante häkeln, dabei nach der 4. Reihe die Arbeit *nicht* wenden, sondern die festen Maschen der 5. Reihe von *links nach rechts* arbeiten (Krebsmaschen).

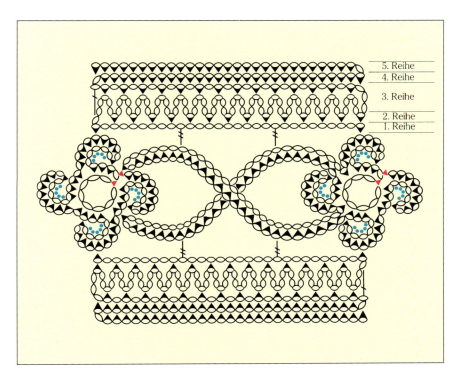

# Irische Häkelei

## Einzelmotive mit Kettmaschen verbinden

Abb. A

Abb. B

Abb. C

Abb. D

Die kleinen Blüten werden nach der Zeichnung gehäkelt. Abb. A zeigt die Entwicklung der 2. Runde und Abb. B die Entwicklung der 5. Runde. Abb. C zeigt das fertige Motiv. Ab der 2. Blüte werden alle Motive während der 5. Runde an den Spitzen mit Kettmaschen aneinandergehängt. So können beliebig große Flächen gehäkelt werden, vom kleinen Deckchen (Abb. D) bis zu Kissenhüllen.

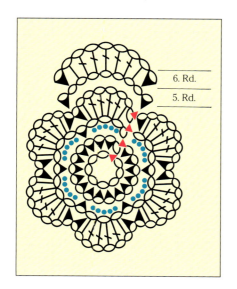

# Irische Häkelei

## Einzelmotive mit umwickelten Stegen verbinden

Zunächst wird die entsprechende Anzahl von Häkelsternen nach der Zeichnung gearbeitet (Abb. A.). Der Abschlußrand besteht aus Doppelstäbchen, die über 1 Luftmaschenkette gehäkelt werden.

Abb. A

# Irische Häkelei

Auf Zeichenkarton zunächst die Linien des Abschlußrandes markieren. In dem entstandenen Innenraum die Häkelsterne verteilen und die Umrißlinien aufzeichnen. Die entstandenen Zwischenräume werden nun durch ein unregelmäßiges Liniennetz ausgefüllt. Jetzt werden die Häkelsterne und der Rand mit Heftstichen auf den Karton genäht. Die Verbindungsstege werden über dem Liniennetz mit dem Häkelgarn genäht: Der Faden wird einmal zwischen den Motiven gespannt und anschließend dicht umwickelt (Abb. B); unter den Motiven zum nächsten Ausgangspunkt gehen.

Gabelt sich eine Linie, so wird der Faden zunächst zu einem Endpunkt gespannt und bis zum Teilungspunkt umwickelt. Den Faden zum nächsten Ende spannen und den Steg bis zum Anfang umwickeln. Abb. C zeigt die fertige Spitze.

Abb. B

# Irische Häkelei

Abb. C

## Irische Häkelei

### Freies Verbinden von verschiedenen Motiven

Abb. A

Abb. B

Abb. C

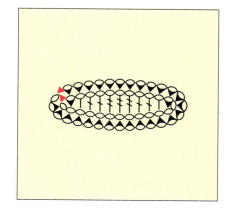

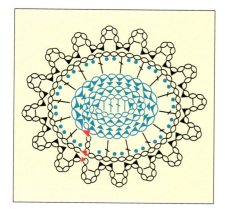

Abb. D

**Doppeltes Blatt**
Über den Luftmaschenanschlag werden zunächst 7 feste Maschen gehäkelt, 1 Luftmasche, die Arbeit um 180° drehen und auf die Anschlagluftmaschen die festen Maschen und Stäbchen nach der Zeichnung arbeiten, mit Kettmaschen über die festen Maschen gehen. 13 Luftmaschen als Anschlag für das 2. Blatt, 10 feste Maschen, 1 Luftmasche, auf die gleichen Anschlagluftmaschen Stäbchen und 1 feste Masche nach der Zeichnung häkeln (Abb. A). Mit Kettmaschen um die Blattspitze und über die festen Maschen gehen. Über die restlichen Anschlagluftmaschen feste Maschen häkeln. Abb. B zeigt das fertige Blatt.

**Einfaches Blatt**
Das Blatt nach der Zeichnung häkeln. Abb. C zeigt die Umrandung mit festen Maschen.

**Ovale Blüte**
Die Blüte nach der Zeichnung häkeln (siehe auch Beschreibung S. 209). Abb. D zeigt die fertige Blüte.

## Irische Häkelei

Bei der Abb. E werden zunächst mehrere Grundmotive gearbeitet, in diesem Fall ovale Häkelblüten, und in der letzten Runde teilweise mit Kettmaschen aneinander gehängt. Nach freiem Formempfinden werden nun die Blätter als Verbindungsmotive eingefügt. Dazu hängt man ebenfalls in der letzten Runde je nach Abstand mit Kettmaschen, Stäbchen oder Gabelstäbchen an. Auf dieses Weise läßt sich sehr gut nach Schnitt arbeiten, da man die Flächen und Kanten individuell gestalten kann.

Abb. E

# Irische Häkelei

## Netzgrund

Häkelornamente kommen besonders gut zur Geltung, wenn sie in einen Netzgrund eingehäkelt werden. Bei einfacher Motivanordnung verbindet man die Form mit dem Grund frei in der Hand beim Häkeln des Netzgrundes. Aufwendigere Musteranordnung zeichnet man besser auf Nessel vor, heftet die Häkelmotive auf und häkelt dann den Netzgrund ein.

Es gibt 2 Arten von Netz- oder Tüllgrund. Den regelmäßigen Grund verwendet man beim Verbinden von einfachen, graphischen Formen und zum Füllen von gleichmäßigen Grundflächen. Der unregelmäßge Grund wird frei nach Gefühl gehäkelt, dafür gibt es keine Vorlagen. Man arbeitet verschieden große Luftmaschenbogen, oft mit Pikots, dreht und wendet die Arbeit nach Belieben, um ein unregelmäßiges Musterbild zu erzielen. Dieser Grund eignet sich besonders zum Füllen von unregelmäßigen Grundflächen und zum Verbinden von aufwendigeren Motiven.

### *Dichtes Netz mit Pikots*

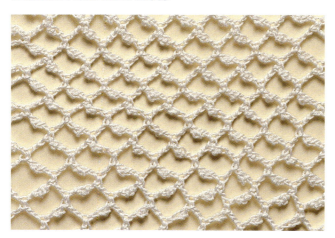 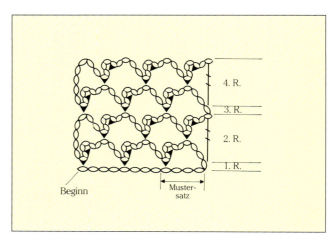

### *Offenes Netz mit großen und kleinen Luftmaschenbogen*

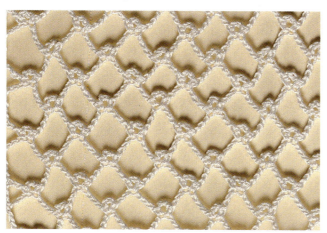 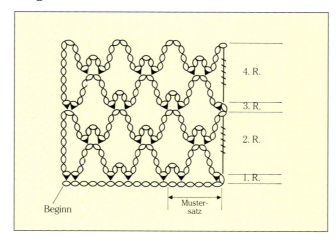

# Irische Häkelei

## Offenes Netz mit kleinen Blüten

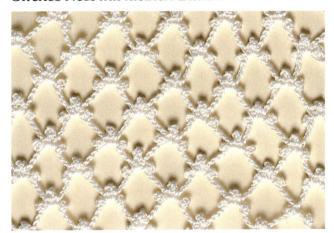

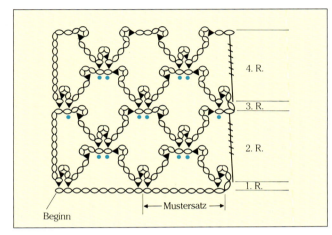

## Einfaches Motiv in dichtem Netzgrund mit Pikots

Irische Häkelei

# Unregelmäßiger Netzgrund

***Dichter, unregelmäßiger Grund***   ***Unregelmäßiger Grund mit Pikots***   ***Offener unregelmäßiger Grund***

***Verschiedene Motive in dichtem, unregelmäßigem Grund***

# Irische Häkelei

## Taschentuchspitze mit Eckrosetten

### Material
Spitzengarn
LL 10 g = 64 m
Farbe Lachs – 10 g
Häkelnadel Nr. 0,60
Taschentuch mit Lochrand

### Anleitung
Nach Zeichnung A 6 kleine und 1 große Rosette häkeln und die Motive jeweils in der 4. Runde mit 1 Kettmasche an das letzte Motiv anhängen. Das Tuch mit 1 Runde *1 feste Masche, 1 Luftmasche* umhäkeln. Nach Zeichnung B den Gittergrund arbeiten und in der 1. Runde nach Zeichnung A die Rosetten mit Kettmaschen anhängen. Die fertige Spitze von links leicht spannen und dämpfen.

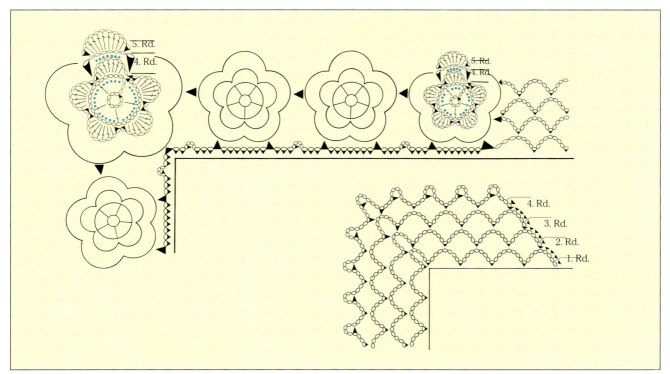

# Irische Häkelei

## Dekorative Spitze
Breite 15 cm, Länge 60 cm

### Material
Glanzhäkelgarn Nr. 20
LL 10 g = 64 m
Farbe Weiß – 70 g
Häkelnadel Nr. 1.25

### Anleitung
Zunächst werden 11 große Blüten nach der Zeichnung gehäkelt und jeweils in der letzten Runde mit 1 Kettmasche an das letzte Motiv angehängt. Nun die großen Blätter arbeiten und dabei die festen Maschen jeweils in das hintere Maschenglied einstechen. Bei der vorletzten Ecke mit 1 Stäbchen an das letzte Blatt anhängen und am Henkel durch 1 Kettmasche Blatt und Blüte miteinander verbinden. Der entstandene Zwischenraum wird nun mit kleinen Blüten ausgefüllt. Diese werden über einen Fadenring nach Zeichnung gehäkelt und in der letzten Runde mit Kettmaschen an die benachbarten Blüten und Blätter gehängt.
Mit der 1. Reihe der Abschlußkante wird der obere Rand begradigt. Das mehrfache Gabelstäbchen in der Mitte des Mustersatzes wird wie folgt gearbeitet: 5 Umschläge, in die mittlere Spitze des rechten Blattes einstecken und 1 Schlinge holen, 3x je 2 Schlingen abhäkeln, so daß noch 4 Schlingen auf der Nadel liegen. 4 Umschläge, aus der nächsten Blattspitze 1 Schlinge holen, 2x je 2 Schlingen abhäkeln, so daß noch 7 Schlingen auf der Nadel liegen. 2 Umschläge, aus der Spitze des nächsten Blattes 1 Schlinge holen, 5x je 2 Schlingen abhäkeln, so daß noch 5 Schlingen auf der Nadel liegen. 3 Umschläge, aus der nächsten Blattspitze 1 Schlinge holen, 3x je 2 Schlingen abhäkeln, 1x 3 Schlingen abhäkeln und 3x je 2 Schlingen abhäkeln.
Für die Kreise der 2. Reihe werden jeweils über einen Fadenring Stäbchen gehäkelt und entsprechend der Zeichnung mit Stäbchen und 1 festen Masche an die 1. Reihe und den letzten Kreis gehängt. Die 3. und 4. Reihe der Abschlußkante nach Zeichnung häkeln. Die fertige Spitze leicht spannen, anfeuchten und trocknen lassen.

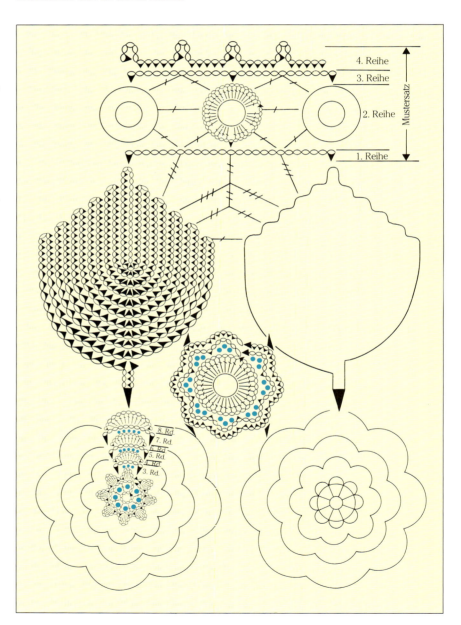

# Irische Häkelei

# Brügger Häkelei

Abb. A

Abb. B

Die Brügger Häkelei ist eine Nachbildung der geklöppelten Brügger Spitzen. Bei beiden Techniken werden Bändchen gebildet, die man zu verschiedenen Musterformen miteinander verbindet.
Die Bändchen werden in hin- und hergehenden Stäbchenreihen gearbeitet, wobei man stets am Anfang jeder Reihe einen Luftmaschenbogen häkelt. Diese Bogen werden beim Verbinden mit Kettmaschen oder Stegen aneinander gehängt. Auf diese Weise häkelt man auch Spinnen oder flächenfüllende Motive ein.

## Bändchen

Die Abbildung A zeigt ein schmales Bändchen, bei dem abwechselnd eine volle und eine durchbrochene Stäbchenreihe gearbeitet wird. Jede Reihe beginnt mit einem Bogen aus 6 Luftmaschen. Häkelt man anstelle der Durchbruchreihe ebenfalls 5 Stäbchen, so entsteht ein dichtes Bändchen.
Die Abbildung B zeigt ein breiteres Bändchen, bei dem bereits im Anschlag ein Luftmaschenbogen gebildet wird. Auch hier wendet man jeweils mit 6 Luftmaschen. Ein senkrechter Mustereffekt ergibt sich, wenn jede Reihe aus 3 Stäbchen, 1 Luftmasche, 3 Stäbchen besteht.

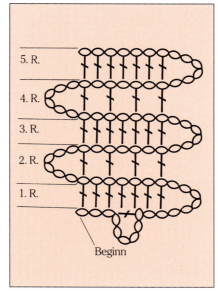

# Brügger Häkelei

Abb. A

Abb. B

Abb. C

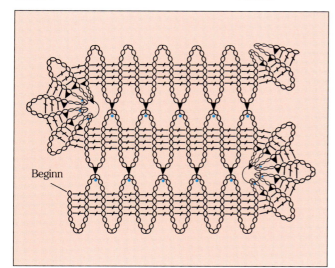

## Gleichmäßige Schlangenlinie

Zunächst wird nach der Zeichnung ein gerades Bändchen gehäkelt. Für die halbkreisförmige Spitze arbeitet man schräge Reihen, die aus 1 festen Masche, 1 halben Stäbchen und 2 Stäbchen bestehen. Auch diese Reihen werden mit je 6 Luftmaschen gewendet.
Nach der 6. schrägen Reihe wie folgt arbeiten: 3 Luftmaschen, die letzten 3 Innenbogen auffassen (Abb. A), 1 Kettmasche, 3 Luftmaschen (Abb. B), noch 1 schräge Reihe häkeln. Das Bändchen gerade weiterarbeiten und die Innenbogen miteinander verbinden: 3 Luftmaschen, 1 Kettmasche in den gegenüberliegenden Luftmaschenbogen (Abb. C und D).
Die nächste Spitze wieder mit schrägen Reihen häkeln und die 4 Innenbogen zusammenfassen (Abb. E).
Abbildung F zeigt die fertige Häkelspitze.

Abb. D

Abb. E

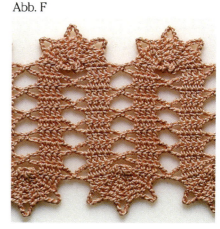
Abb. F

## Brügger Häkelei

Abb. A

Abb. B

### Runde Motive

Für das Motiv der Abbildungen A/B das Bändchen nach der linken Symbolzeichnung häkeln, dieses zum Kreis legen und mit Kettmaschen schließen oder zusammennähen. Für die Spinne in der Kreismitte 12 Luftmaschen zum Ring schließen. Um den Ring 12mal *3 Stäbchen, 4 Luftmaschen, 2 zusammen abgemaschte Stäbchen in je 1 Bogen des Kreises, 1 Kettmasche in die 4. Luftmasche, 2 Luftmaschen, 1 Kettmasche in die 1. der 4 Luftmaschen*. Die Spinne schließen mit 1 Kettmasche in das 1. Stäbchen. Die Abbildung zeigt das fertige Motiv.

Abb. C

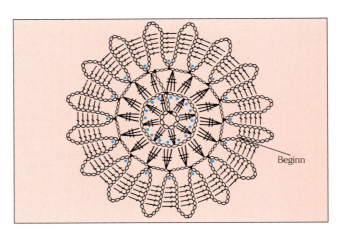

Abb. D

Für das Motiv der Abbildungen C/D das Bändchen nach der rechten Symbolzeichnung häkeln, zum Kreis legen und mit Kettmaschen schließen oder zusammennähen. Die Kreismitte häkeln und in der 2. Runde mit Kettmaschen an die Luftmaschenbogen anhängen. Die Abbildung D zeigt das fertige Motiv.

# Brügger Häkelei

## Gerades Band mit schmaler Schlangenlinie

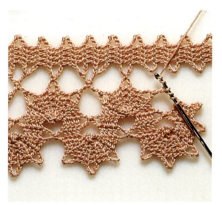
Abb. A

Abb. B

Für die Spitze der Abbildungen A/B das gerade Band in der gewünschten Länge arbeiten. Die Schlangenlinie nach der Symbolzeichnung häkeln und dabei an das gerade Band mit Gabelstäbchen und Kettmaschen anschließen. Das Gabelstäbchen wie folgt arbeiten: 4 Umschläge, in den 1. Bogen einstechen, 1 Schlinge durchholen, 2mal je 2 Schlingen abmaschen, 2 Umschläge, in den 2. Bogen einstechen, 1 Schlinge durchholen, 2mal je 2 Schlingen abmaschen, 2 Umschläge, in den 3. Bogen einstechen, 1 Schlinge durchholen, 2mal je 2 Schlingen, 1mal 3 Schlingen und 3mal je 2 Schlingen abmaschen. Die Abbildung B zeigt die fertige Häkelspitze.

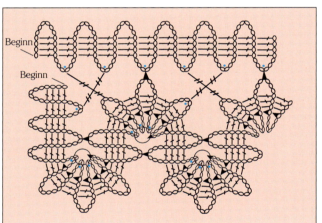
Abb. C

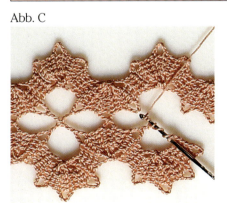

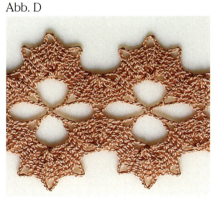
Abb. D

## Doppelte Wellenlinie

Für die doppelte Wellenlinie der Abbildungen C/D zunächst die 1. Wellenlinie in der gewünschten Länge nach der Symbolzeichnung arbeiten. Nun die 2. Wellenlinie häkeln und mit Kettmaschen und Gabelstäbchen (siehe oben) anhängen.
Die Abbildung D zeigt die fertige Häkelspitze.

# Brügger Häkelei

## Oval

Für das Motiv der Abbildung A nach der Symbolzeichnung häkeln, dabei an den Spitzen schräge Reihen arbeiten und die Innenbogen mit 1 Kettmasche zusammenhängen. Das Oval mit Kettmaschen schließen oder zusammennähen.
Die Abbildung B zeigt das fertige Motiv.

Abb. A

Abb. B

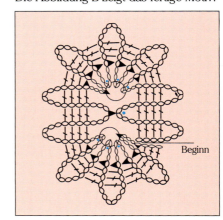

## Doppelkreis

Für das Motiv der Abbildung C nach der Symbolzeichnung ein gerades Bändchen mit 9 Bogen arbeiten. Für die Spinne 6 Luftmaschen häkeln, 5 zusammen abgemaschte Stäbchen in je 2 Bogen einstechen, 3 Luftmaschen, 1 feste Masche in den 1. Bogen, 2 Luftmaschen, 1 Kettmasche in die 3. der 6 Luftmaschen, 2 Luftmaschen. Das Bändchen gerade weiterhäkeln und die 2. Spinne arbeiten. Gerade weiterarbeiten, das Ende unter das Motiv legen und mit Kettmaschen schließen oder zusammennähen.
Die Abbildung D zeigt den fertigen Doppelkreis.

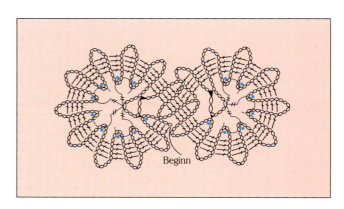

Abb. C    Abb. D

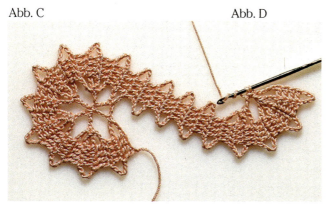
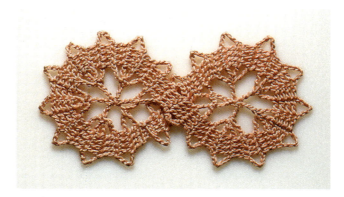

# Brügger Häkelei

# Brügger Häkelei

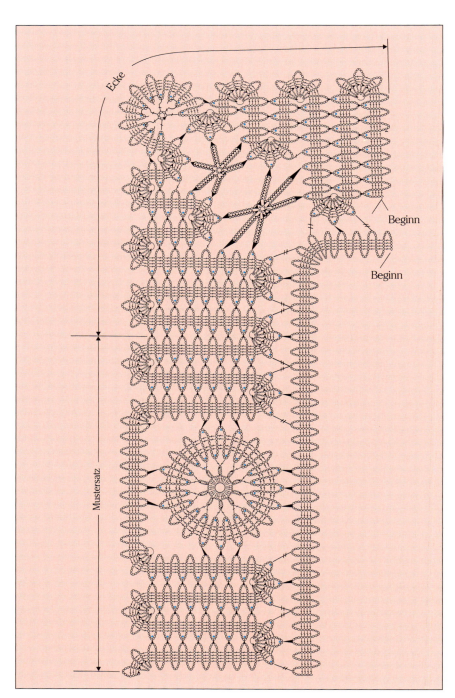

### Mitteldecke
etwa 102 x 102 cm

### Material
Glanzhäkelgarn Nr. 20,
Lauflänge 10 g = 64 m,
Farbe Weiß – 200 g;
Häkelnadel Nr. 1,25;
90 cm Leinenstoff, 90 cm breit.

### Anleitung
Zunächst 12 Kreismotive nach der Symbolzeichnung arbeiten. Nun die breite Spitze (Beginn A) häkeln und dabei mit Kettmaschen die Kreise anhängen. Zwischen den Ecken werden auf jeder Seite 3 Mustersätze gearbeitet. Die Spinnen in den Ecken nach der Symbolzeichnung einhäkeln. Nun das gerade Band (Beginn B) arbeiten und mit Kettmaschen und Doppelstäbchen an die Spitze anschließen.

### Fertigstellung
Die Häkelspitze von links leicht spannen, mit feuchten Tüchern bedecken und trocknen lassen. Den Stoff zunächst an 1 Seite fadengerade schneiden, schmal umbücken und dicht mit festen Maschen umhäkeln. Dabei mit Kettmaschen jeden Luftmaschenbogen der Spitze anhängen. Auf diese Weise Seite für Seite gerade schneiden und umhäkeln.

### Tip
Bei den meisten Stoffen ist die Fadendichte von Kette und Schuß verschieden. Damit die Decke auch quadratisch wird, muß man diesen Unterschied beim Umhäkeln ausgleichen, also auf den dichten Seiten einen Gewebefaden mehr oder auf den offeneren Seiten einen Faden weniger übergehen.

# Brügger Häkelei

# Häkeldecken

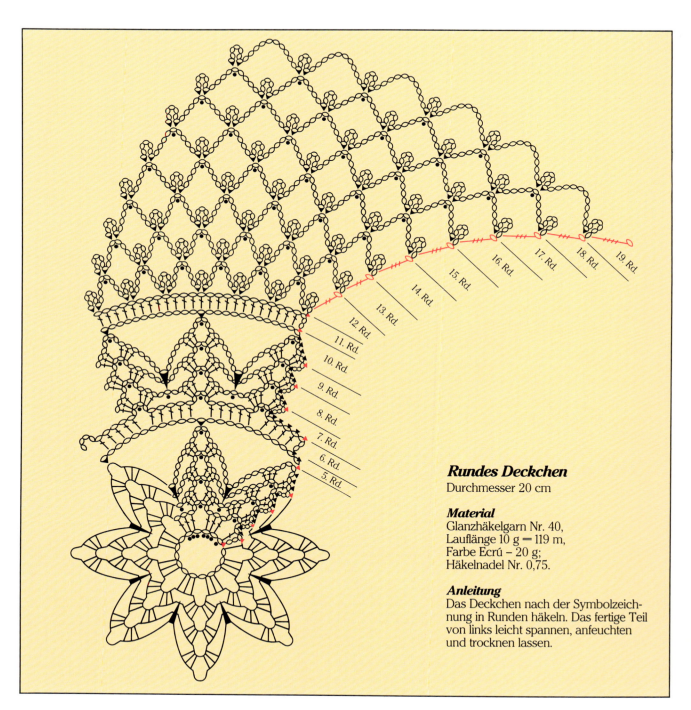

**Rundes Deckchen**
Durchmesser 20 cm

**Material**
Glanzhäkelgarn Nr. 40,
Lauflänge 10 g = 119 m,
Farbe Ecrú – 20 g;
Häkelnadel Nr. 0,75.

**Anleitung**
Das Deckchen nach der Symbolzeichnung in Runden häkeln. Das fertige Teil von links leicht spannen, anfeuchten und trocknen lassen.

# Häkeldecken

# Häkeldecken

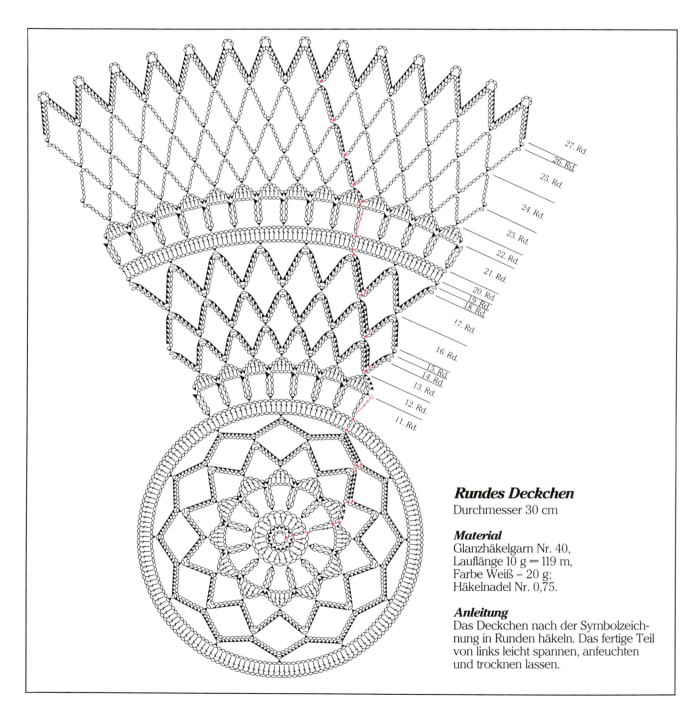

### Rundes Deckchen
Durchmesser 30 cm

**Material**
Glanzhäkelgarn Nr. 40,
Lauflänge 10 g = 119 m,
Farbe Weiß – 20 g;
Häkelnadel Nr. 0,75.

**Anleitung**
Das Deckchen nach der Symbolzeichnung in Runden häkeln. Das fertige Teil von links leicht spannen, anfeuchten und trocknen lassen.

# Häkeldecken

# Häkeldecken

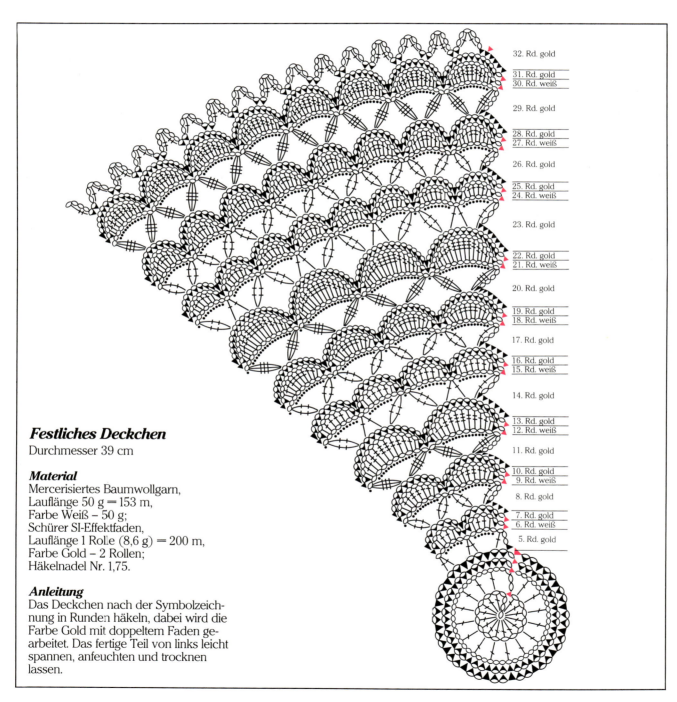

**Festliches Deckchen**
Durchmesser 39 cm

**Material**
Mercerisiertes Baumwollgarn,
Lauflänge 50 g = 153 m,
Farbe Weiß – 50 g;
Schürer Sl-Effektfaden,
Lauflänge 1 Rolle (8,6 g) = 200 m,
Farbe Gold – 2 Rollen;
Häkelnadel Nr. 1,75.

**Anleitung**
Das Deckchen nach der Symbolzeichnung in Runden häkeln, dabei wird die Farbe Gold mit doppeltem Faden gearbeitet. Das fertige Teil von links leicht spannen, anfeuchten und trocknen lassen.

# Häkeldecken

# Häkeldecken

# Häkeldecken

# Häkeldecken

**Set** (Abb. auf Seite 248)
31 x 41 cm

**Material**
31 x 41 cm
Glanzhäkelgarn Nr. 30,
Lauflänge 10 g = 86 m,
Farbe Ecrú – 60 g;
Häkelnadel Nr. 1,75.

**Mustersatz**
2,5 cm breit, 4 cm hoch.

**Anleitung**
183 Luftmaschen anschlagen. Den Innenteil des Deckchens und anschließend den Rand nach der Symbolzeichnung häkeln. Das fertige Teil von links leicht spannen, anfeuchten und trocknen lassen.

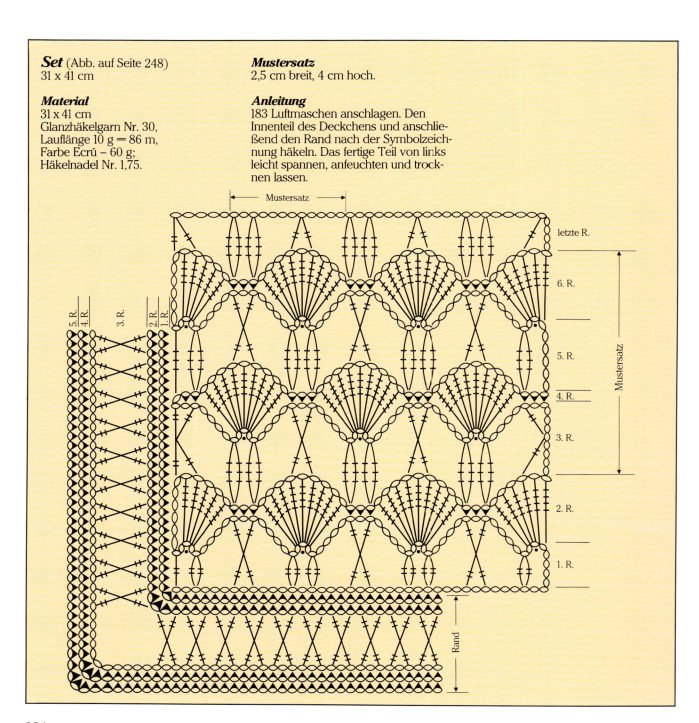

# Häkeldecken

**Set** (Abb. auf Seite 249)
31 x 41 cm

**Material**
Glanzhäkelgarn Nr. 30,
Lauflänge 10 g = 86 m,
Farbe Ecrú – 60 g;
Häkelnadel Nr. 1,25.

**Mustersatz**
2,5 cm breit, 3 cm hoch.

**Anleitung**
199 Luftmaschen anschlagen. Den Innenteil des Deckchens und anschließend den Rand nach der Symbolzeichnung häkeln. Das fertige Teil von links leicht spannen, anfeuchten und trocknen lassen.

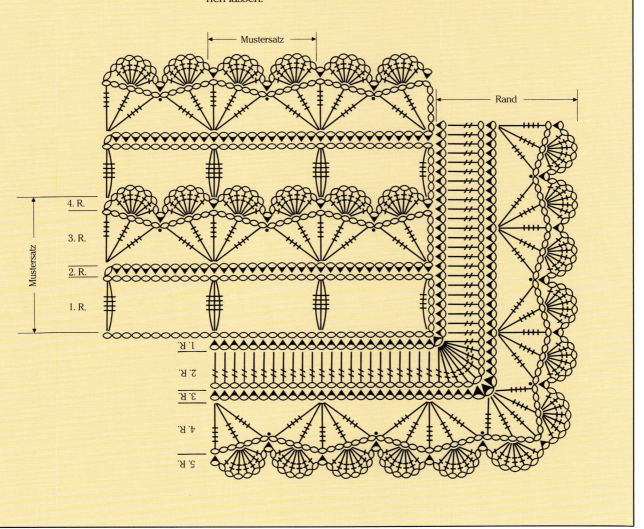

## Sechseckige Decke
Durchmesser 45 cm

**Material**
Glanzhäkelgarn Nr. 20,
Lauflänge 10 g = 64 m,
Farbe Weiß – 80 g;
Häkelnadel Nr. 1,25.

**Anleitung**
Die Decke nach der Symbolzeichnung in Runden häkeln. Das fertige Teil von links leicht spannen, anfeuchten und trocknen lassen.

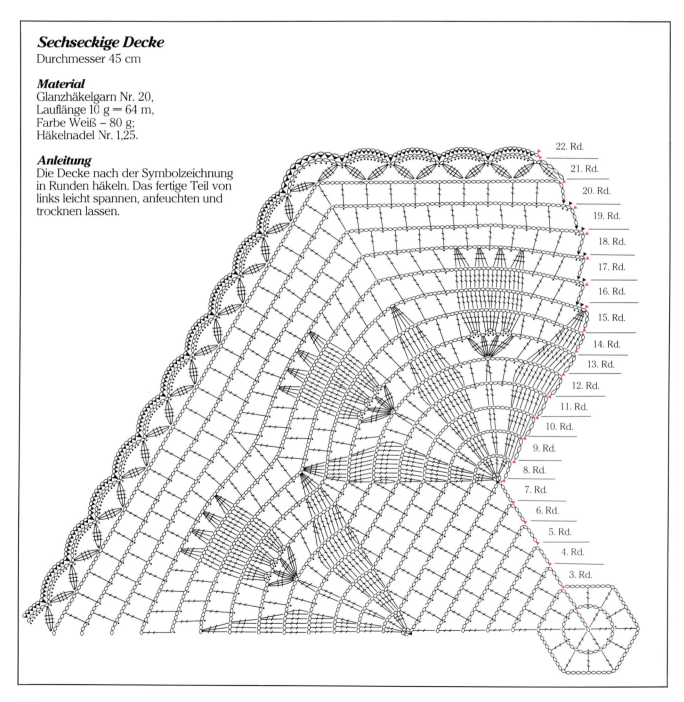

# Häkeldecken

## Decke mit Bogenrand
Durchmesser 70 cm

**Material**
Hübner-Wolle „Clou",
Lauflänge 50 g = 115 m,
Farbe Lachs – 150 g;
Häkelnadel Nr. 3.

**Anleitung**
Die Decke nach der Symbolzeichnung in Runden häkeln. Das fertige Teil von links leicht spannen, anfeuchten und trocknen lassen.

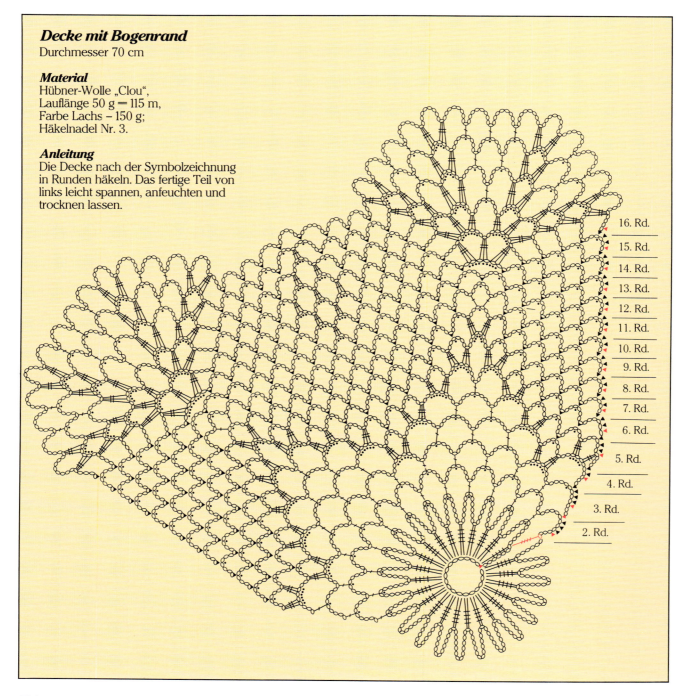

# Häkeldecken

### Rundes Deckchen

Durchmesser 13 cm

**Material**
Glanzhäkelgarn Nr. 30,
Lauflänge 10 g = 180 m,
Farbe Weiß – 20 g;
Häkelnadel Nr. 0,75.

**Anleitung**
Das Deckchen nach der Symbolzeichnung in Runden häkeln. Das fertige Teil von links leicht spannen, anfeuchten und trocknen lassen.

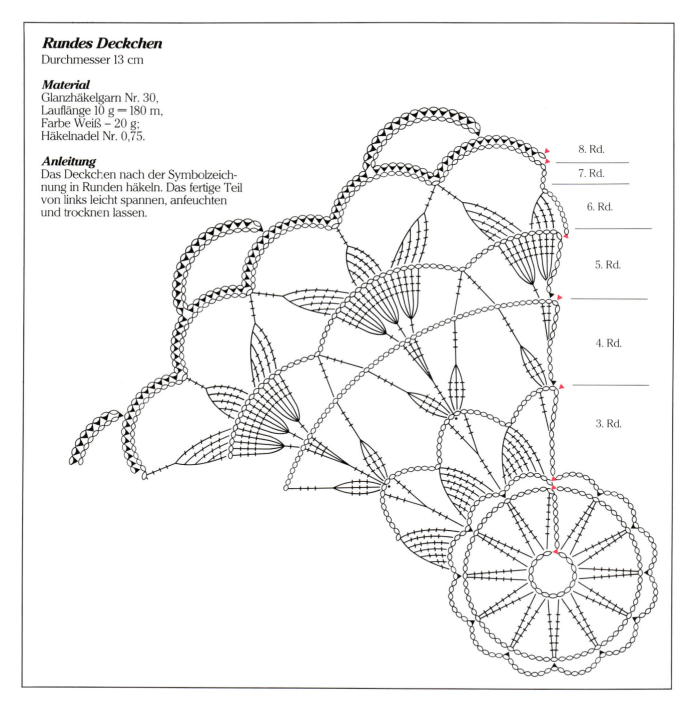

# Häkeldecken

# Häkeldecken

# Gabelhäkelei

Diese Häkelarbeit hat ihren Namen von dem gabelförmigen Werkzeug, das man neben Häkelnadel und Garn zur Herstellung der Borten braucht. Man kann Garne und Wolle in verschiedenen Qualitäten und Stärken verwenden. Die Gabeln werden in verschiedenen Ausführungen angeboten. Die gebogenen Metallgabeln wählt man entsprechend der gewünschten Bortenbreite, dagegen sind die verstellbaren Gabeln universell einsetzbar. Sie haben außerdem den Vorteil, daß die Borten stets gleichmäßig breit werden. Die Borten entstehen, indem der Faden um die Gabel gelegt wird und in die letzte Schlinge feste Maschen, halbe Stäbchen oder Stäbchen gearbeitet werden. Je nach Maschenanzahl ergeben sich dichte oder offene Schlingenreihen.

## Borte mit 1 festen Masche je Schlinge

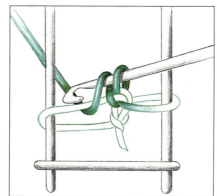
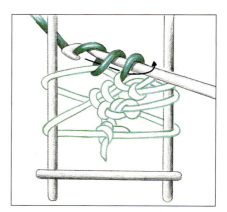

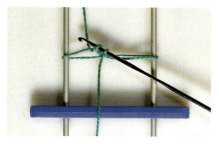
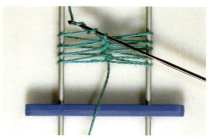

**1** Man beginnt mit einer Anfangsschlinge und führt den Faden von vorne nach hinten um den rechten Stab der Gabel. Die Anfangsschlinge, und später die Borte, wird von Daumen und Mittelfinger der linken Hand in der Mitte der Gabel gehalten. Nun den Faden umschlagen und durch die Anfangsschlinge ziehen.

**2** Die Häkelnadel zwischen den Stäben der Gabel nach hinten führen. Die Gabel von rechts nach links drehen, so daß der Faden als Schlinge um den rechten Stab liegt. Mit der Häkelnadel von unten nach oben um das vordere Glied der linken Schlinge stechen, den Faden umschlagen und durchziehen. Den Faden erneut umschlagen und die beiden Schlingen abmaschen.

**3** Die Häkelnadel wieder nach hinten führen, die Gabel von rechts nach links drehen und um die linke vordere Schlinge 1 feste Masche häkeln. Auf diese Weise arbeiten, bis die Gabel gefüllt ist. Nun wird die Borte bis auf wenige Schlingen nach unten abgestreift. Bei der verstellbaren Gabel wird dafür das untere Teilstück abgenommen und dann wieder aufgesteckt.

# Gabelhäkelei

### Borte mit 2 festen Maschen je Schlinge

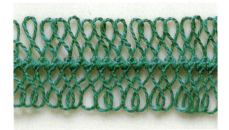

### Borte mit 3 festen Maschen je Schlinge

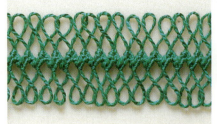

### Borte mit 3 Stäbchen je Schlinge

## Das Behäkeln der Gabelborten

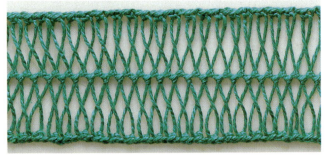

Borte mit 1 festen Masche je Schlinge
Rand: *in die Schlingen gerade einstechen, 1 feste Masche, 1 Luftmasche*.

Borte mit 1 festen Masche je Schlinge
Rand: *in die Schlinge von hinten einstechen, 1 feste Masche, 1 Luftmasche*.

Borte mit 1 festen Masche je Schlinge
Rand: *3 Schlingen von hinten auffassen, 1 feste Masche, 3 Luftmaschen*.

Borte mit 2 festen Maschen je Schlinge
Rand: *3 Schlingen von hinten auffassen, 1 feste Masche, 3 Luftmaschen, 1 Schlinge auffassen und die Häkelnadel einige Male drehen, bis die Wicklung die Höhe der gebündelten Schlingen hat, 1 feste Masche, 3 Luftmaschen*.

## Das Zusammensetzen der Gabelborten

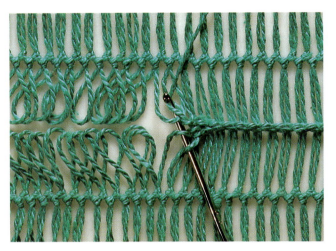

Borte mit 1 festen Masche je Schlinge
Verbindung mit Kettmaschen: *von unten in die Schlinge der unteren Borte und die gegenüberliegende Schlinge der oberen Borte gerade einstechen, den Faden umschlagen und durch die 3 auf der Nadel liegenden Schlingen ziehen*.

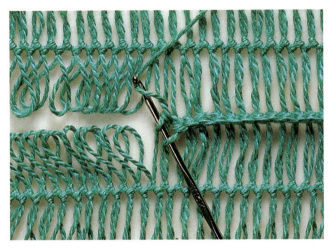

Borte mit 1 festen Masche je Schlinge
Verbindung mit festen Maschen: *von unten in die Schlinge der unteren Borte und die gegenüberliegende Schlinge der oberen Borte gerade einstechen, 1 feste Masche*.

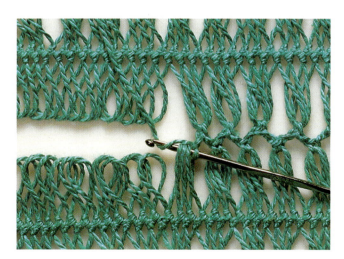

Borte mit 1 festen Masche je Schlinge
Verbindung: *3 Schlingen der unteren Borte von hinten auffassen, 1 feste Masche, 2 Luftmaschen, 3 Schlingen der oberen Borte von hinten auffassen, 1 feste Masche, 2 Luftmaschen*.

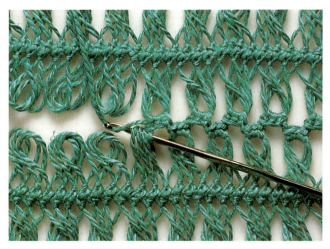

Borte mit 2 festen Maschen je Schlinge
Verbindung: *3 Schlingen der unteren Borte von hinten auffassen, 3 feste Maschen, 1 Luftmasche, 3 Schlingen der oberen Borte von hinten auffassen, 3 feste Maschen, 1 Luftmasche*.

# Gabelhäkelei

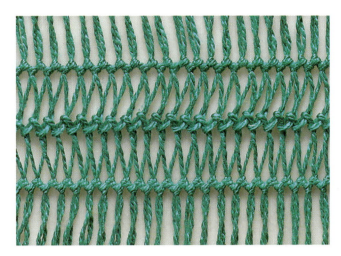

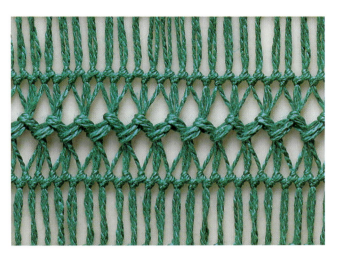

Borte mit 1 festen Masche je Schlinge
Verbindung: *1 Schlinge der oberen Borte auffassen, in die nächste Schlinge der unteren Borte einstechen und diese Schlinge durch die auf der Nadel liegende Schlinge ziehen*.

Borte mit 1 festen Masche je Schlinge
Verbindung: *2 Schlingen der oberen Borte auffassen, in die nächsten 2 Schlingen der unteren Borte einstechen und diese Schlingen durch die 2 auf der Nadel liegenden Schlingen ziehen*.

## Häkelverbindungen

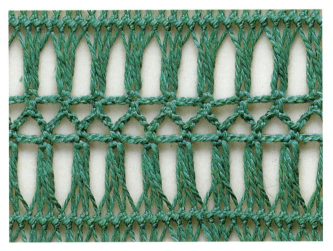

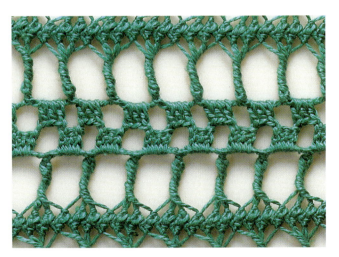

Borte mit 1 festen Masche je Schlinge
Verbindung: *1 feste Masche auf die feste Masche der unteren Borte, 3 Luftmaschen, 1 feste Masche auf die feste Masche der oberen Borte*.

Borte mit 2 festen Maschen je Schlinge
Borte behäkeln: *3 Schlingen von hinten auffassen, die Nadel 2mal drehen, 1 feste Masche, 5 Luftmaschen*.
Verbindung: *3 Stäbchen um die Luftmaschen der unteren Borte, 1 Luftmasche, 3 Stäbchen um die Luftmaschen der oberen Borte, 1 Luftmasche*.

# Schlingenhäkelei

## Schlingen ohne Hilfsmittel in der Hand gearbeitet

Das Muster besteht aus festen Maschen, wobei in er Rückreihe Schlingen gebildet werden.

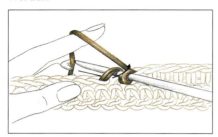

**1** Den Faden um den linken Zeigefinger schlingen, die Häkelnadel in beide Maschenglieder einstechen, den Faden hinter dem Finger auffassen und durchziehen.

Vorderseite

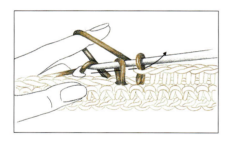

**2** Den hängenden Arbeitsfaden um die Nadel schlagen und durch die beiden auf der Nadel liegenden Schlingen ziehen, dabei wird keine Schlinge gebildet. So entsteht bei jeder festen Masche auf der Rückseite eine Schlinge.

Schlingenabseite

## Schlingen durch feste Maschen über den Stab gearbeitet.

Bei allen nachfolgenden Beispielen für die Schlingenhäkelei wird über ein flaches Stäbchen gearbeitet. Diese Stäbe gibt es in verschiedenen Breiten, so daß ganz unterschiedliche Mustereffekte entstehen.

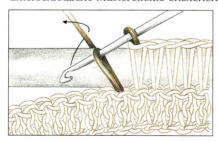

**1** Zunächst wird über einen Luftmaschenanschlag 1 Reihe feste Maschen gearbeitet. Am Beginn der 2. Reihe so viele Luftmaschen häkeln, wie der Stab hoch ist. Nun den Stab hinter die Arbeit legen. In die nächste Masche der Vorreihe einstechen und die Nadel unter den Stab führen. Den Faden umschlagen und eine Schlinge durchziehen.

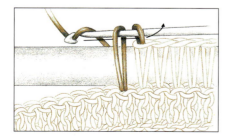

**2** Die Schlinge bis zur Höhe des Stabes hochziehen, den Faden erneut umschlagen und die beiden auf der Nadel liegenden Schlingen abmaschen. Nach der Schlingenreihe eine Reihe feste Maschen arbeiten. Abwechselnd 1 Schlingenreihe und 1 Reihe feste Maschen häkeln (Foto rechts). Schlingenstäbchen

# Schlingenhäkelei

## Schlingen bilden, indem Maschen über den Stab gezogen werden

1. Reihe

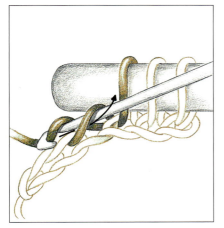 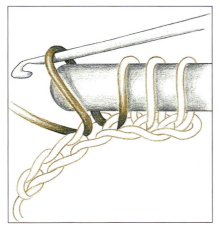

2. Reihe

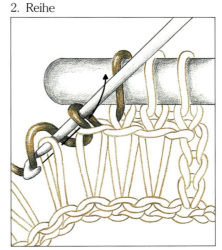

**1** In die Anschlagluftmasche einstechen, den Faden umschlagen und durchziehen.

**2** Die Schlinge hochziehen und auf den Stab hängen. Am Ende der Reihe mit Luftmaschen bis zur Oberkante des Stabes gehen.

**3** Die Schlinge der letzten Luftmasche hochziehen und auf den Stab hängen. In das hintere Maschenglied der letzten Luftmasche einstechen, den Faden umschlagen und durchziehen. *In die nächste Schlinge einstechen und 1 feste Masche arbeiten. Die Schlinge hochziehen und auf den Stab hängen. In das vordere Maschenglied der letzten festen Masche einstechen, den Faden umschlagen und durchziehen.* Am Ende der Reihe mit Luftmaschen bis zur Oberkante des Stabes gehen. Die 2. Reihe fortlaufend wiederholen.

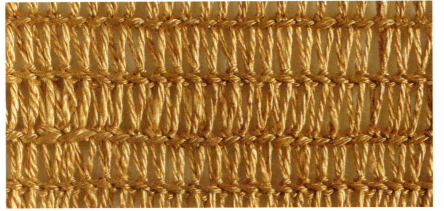

# Schlingenhäkelei

## Schlingenbildung durch Umwickeln des Stabes

**1. Reihe:** Diese Reihe kann üner den Luftmaschenanschlag, feste Maschen oder, wie auf unserer Darstellung, über Stäbchen gearbeitet werden.

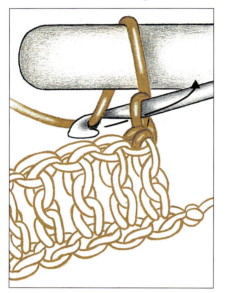 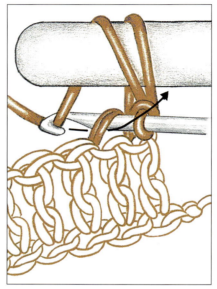 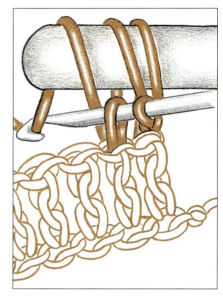

**1** Den Faden von vorne nach hinten um den Stab legen, den Faden umschlagen und durch die auf der Nadel liegende Schlinge ziehen.

**2** Den Faden von vorne nach hinten um den Stab legen, in die nächste Masche der Vorreihe einstechen, den Faden umschlagen und durch die auf der Nadel liegende Schlinge ziehen..

**3** Den Faden von vorne nach hinten um den Stab legen, in die nächste Masche einstechen, den Faden umschlagen und 1 Schlinge durchziehen.

# Schlingenhäkelei

**2. Reihe:** Feste Maschen arbeiten, dabei jeweils in 2 Schlingen einstechen.

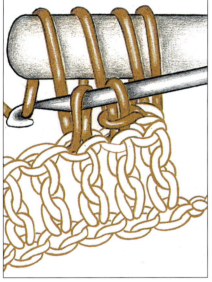

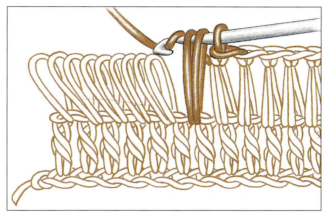

**4** Den Faden erneut um den Stab legen, umschlagen und durch die 2 auf der Nadel liegenden Schlingen ziehen. Die Arbeitsschritte 3 und 4 fortlaufend wiederholen, so daß auf jeder Masche der Grundreihe 2 Schlingen gebildet werden. Am Ende der Reihe mit Luftmaschen zur oberen Kante gehen.

249

# Webhäkeln

## Untergrund
Zunächst wird ein Maschengitter oder Maschennetz aus Stäbchen und Luftmaschen gearbeitet, das später durchwebt wird.

## Stäbchengitter
Dieses Gitter hat gleichmäßige Löcher und kann sowohl waagerecht als auch senkrecht durchwebt werden.

## Stäbchennetz
Hier werden Stäbchengruppen übereinander gearbeitet, die durch Luftmaschen getrennt sind. So ergeben sich immer senkrechte Ajourreihen. Die Anzahl der Stäbchen pro Gruppe kann variiert werden, so daß die Lochreihen mehr oder weniger dicht verlaufen.

## Weben
In den Untergrund werden mit Hilfe einer Sticknadel Fäden eingezogen oder mit einer Häkelnadel Luftmaschenketten aufgehäkelt. Hübsche Muster ergeben sich durch den Einsatz von Effektgarnen, wie Bändchen oder Flauschgarne auf glattem Untergrund.

**Stäbchengitter**

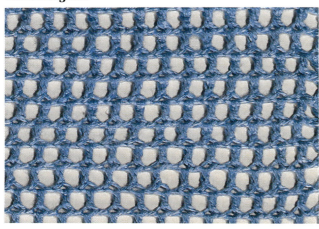

**Stäbchennetz**

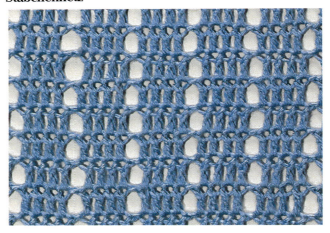

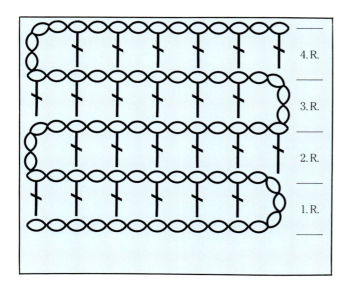

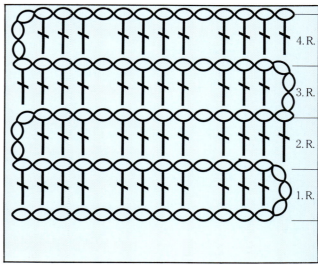

# Webhäkeln

## Weben mit der Sticknadel

**Einfacher Webstich waagrecht**
Die Nadel wird abwechselnd über und unter einem Stäbchen durch die Reihe geführt. Es kann mit einem oder mehreren Fäden gearbeitet werden.

**Doppelter Webstich waagrecht**
Die Nadel wird abwechselnd über und unter einem Stäbchen durch die Reihe geführt, in die gleiche Lochreihe noch einmal versetzt weben.

**Einfacher Webstich senkrecht**
Die Nadel wird abwechselnd über und unter eine Luftmasche zwischen den Stäbchen geführt. Es kann mit einem oder mehreren Fäden gearbeitet werden.

**Doppelter Webstich senkrecht**
Die Nadel wird abwechselnd über und unter eine Luftmasche zwischen den Stäbchen geführt, in die gleiche Ajourreihe noch einmal versetzt weben.

**Einfacher Webstich waagrecht**

**Doppelter Webstich senkrecht**

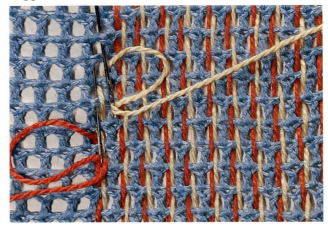

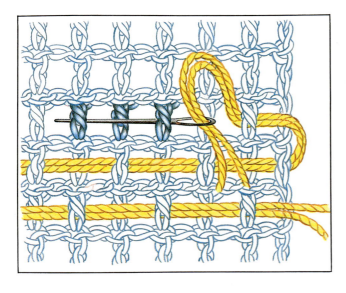

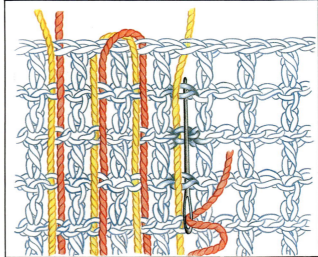

# Webhäkeln

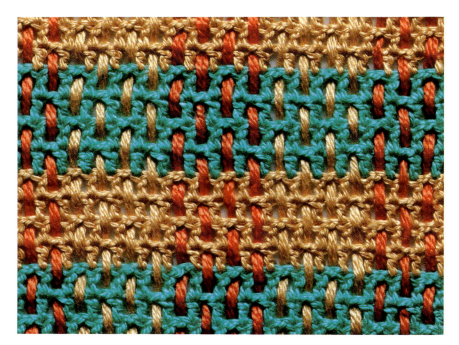

**Flächenkaro**
Grund: Stäbchengitter.
Farbfolge *4 Reihen grün, 4 Reihen beige*.
Weben: Mit der Sticknadel und doppeltem Faden wird im einfachen senkrechten Webstich gearbeitet.
Farbfolge *4 Reihen rost, 4 Reihen beige*.

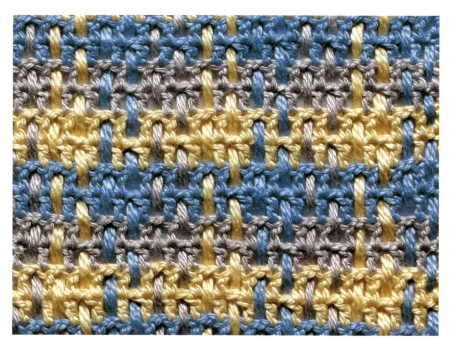

**Dreifarbiges Schottenmuster**
Grund: Stäbchengitter.
Farbfolge *2 Reihen blau, 2 Reihen gelb, 2 Reihen flieder*.
Weben: Mit der Sticknadel und doppeltem Faden wird im einfachen senkrechten Webstich gearbeitet.
Farbfolge *2 Reihen blau, 2 Reihen gelb, 2 Reihen flieder*.

# Webhäkeln

**Zweifarbiges Schottenmuster**
<u>Grund</u>: Stäbchengitter.
Farbfolge *2 Reihen violett, 2 Reihen blau*.
<u>Weben</u>: Mit der Sticknadel und doppeltem Faden wird im einfachen senkrechten Webstich gearbeitet.
Farbfolge *3 Reihen violett, 3 Reihen blau*.

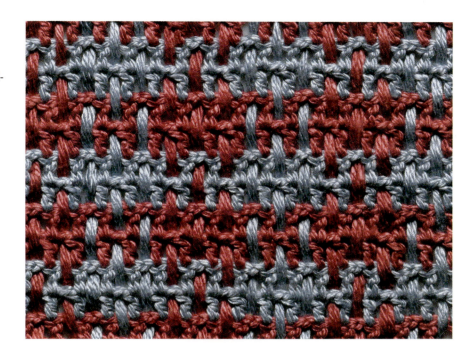

**Streifenmuster mit Linienraster**
<u>Grund</u>: Stäbchennetz *6 Stäbchen, 1 Luftmasche, 1 Stäbchen, 1 Luftmasche, 1 Stäbchen, 1 Luftmasche*.
Farbfolge *3 Reihen blau, 3 Reihen beige*.
<u>Weben</u>: Mit der Sticknadel und doppeltem Faden werden die Ajourreihen durchwebt. Die Farbe Beige wird im doppelten senkrechten Webstich ausgeführt und die Farbe Gelb im einfachen senkrechten Webstich.
Farbfolge *1 Reihe beige, 1 Reihe gelb, 1 Reihe beige*.

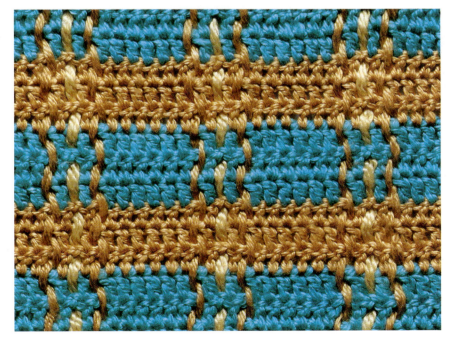

# Webhäkeln

## Weben mit der Häkelnadel

Diese Art des Webens wird stets senkrecht von unten nach oben über einem Stäbchengitter oder Stäbchennetz ausgeführt. Mit der Häkelnadel werden über die Ajourreihen Luftmaschenketten gehäkelt, wobei der Arbeitsfaden immer auf der Rückseite verläuft: die Häkelnadel von vorne nach hinten durch das Häkelgitter führen, den Faden umschlagen und durchziehen.

*Über der nächsten Luftmasche einstechen, den Faden umschlagen und durch die auf der Nadel liegende Schlinge ziehen.*

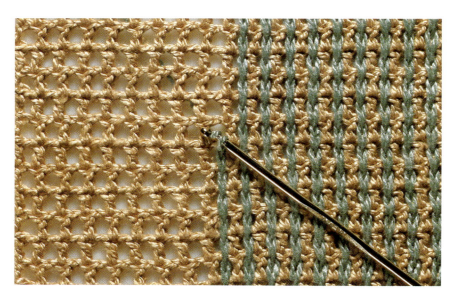

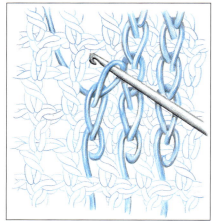

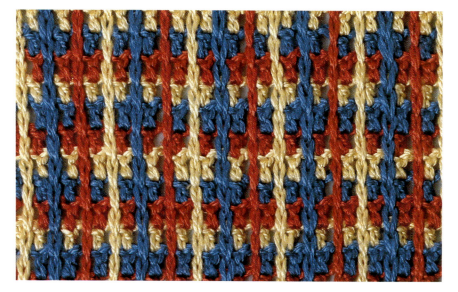

**Kleines Karomuster**
<u>Grund</u>: Stäbchengitter.
Farbfolge *1 Reihe blau, 1 Reihe gelb, 1 Reihe rot*.
<u>Weben</u>: mit der Häkelnadel.
Farbfolge *1 Reihe blau, 1 Reihe gelb, 1 Reihe rot*.

# Webhäkeln

## Streifenmuster mit Überkaro

<u>Grund:</u> Netz *8 Stäbchen beziehungsweise feste Maschen, 1 Luftmasche*.
Farbfolge *2 Reihen Stäbchen in Beige, 1 Reihe feste Maschen in Rot, 2 Reihen Stäbchen in Beige, 2 Reihen Stäbchen in Gelb, 1 Reihe feste Maschen in Rot, 2 Reihen Stäbchen in Gelb*.
<u>Weben:</u> Mit der Häkelnadel in der Farbe Rot arbeiten.

## Fadenkaro

<u>Grund:</u> Stäbchennetz *7 Stäbchen, 1 Luftmasche, 2 Stäbchen, 1 Luftmasche*.
Farbfolge *4 Reihen kupfer, 1 Reihe gelb, 1 Reihe kupfer, 1 Reihe blau*.
<u>Weben:</u> Mit der Häkelnadel und doppeltem Faden arbeiten.
Farbfolge *1 Reihe gelb, 1 Reihe blau*.

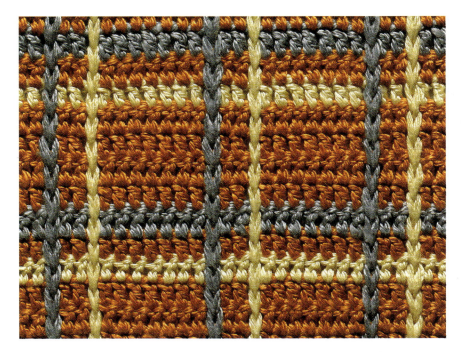

# Pikots

Als dezenter Abschluß vieler Häkelarbeiten dienen Pikots. Werden sie direkt angehäkelt, so wird jedes Pikot mit einer Kettmasche, festen Masche oder einem Stäbchen nach dem Übergehen einer entsprechenden Anzahl Maschen angehängt.

## Kleine Pikots

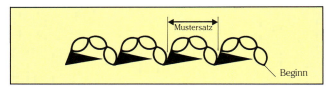

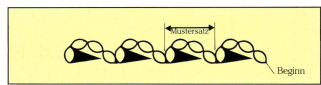

## Flache Pikots

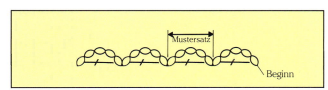

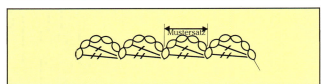

## Große Rundpikots

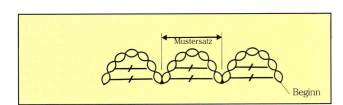

## Spitzpikots

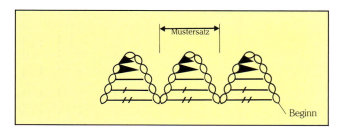

# Randbordüren

Diese einfachen Randbordüren werden als Abschluß direkt angehäkelt. Die Reihen werden stets von rechts nach links gearbeitet.

## Bordüre mit Luftmaschenbogen

## Kettmaschenbordüre

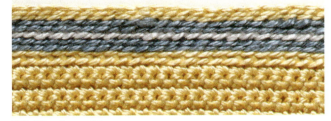
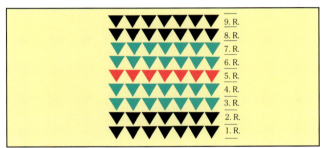

## Wellenbordüre

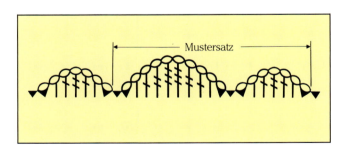

## Knopflochbordüre

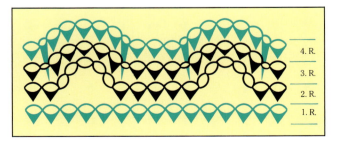

257

# Randbordüren

Die folgenden Randbordüren werden in der gewünschten Länge gehäkelt und festgenäht.

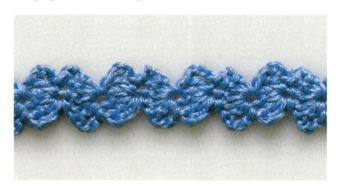
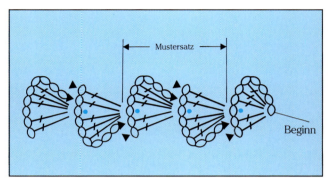

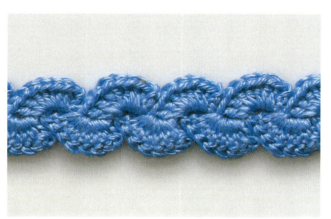
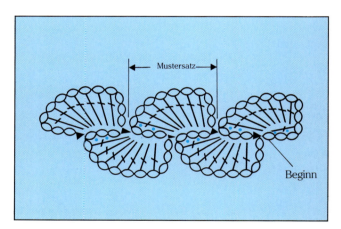

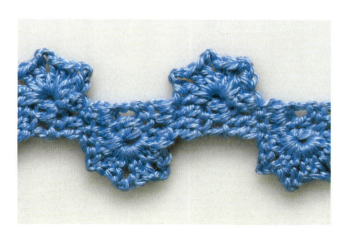
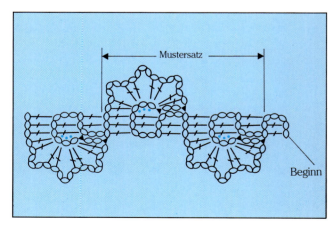

# Randbordüren

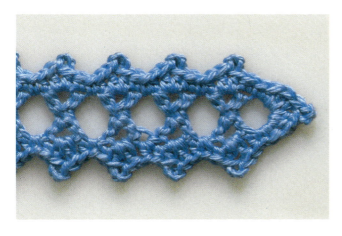
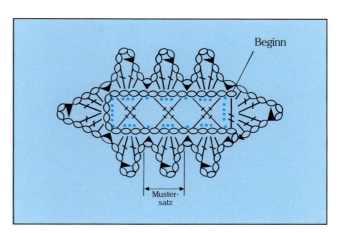

Beginn

Mustersatz

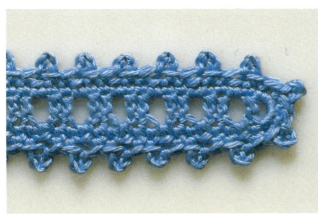
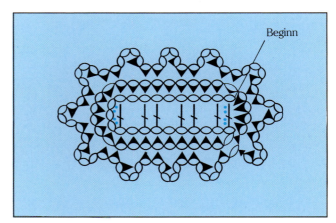

Beginn

Beginn

1. R.
2. R.
3. R.

1. R.
2. R.
3. R.

# Rüschen

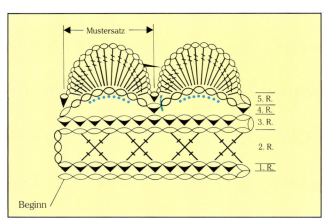

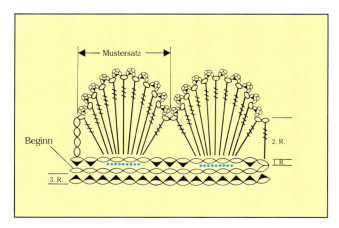

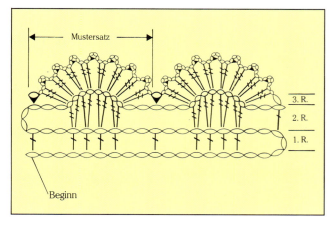

# Rüschen

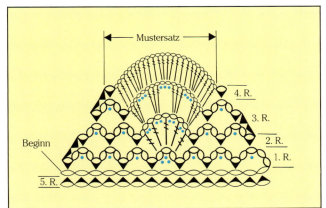

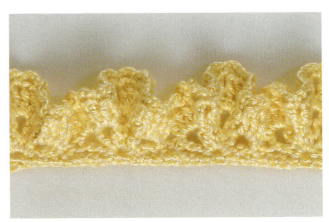
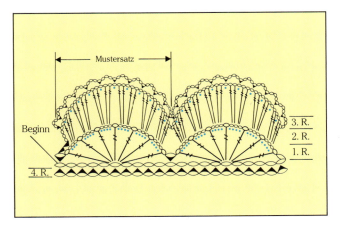

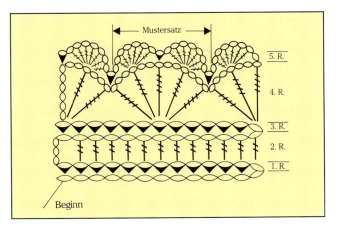

# Gehäkelte Fransen

Als Abschluß an großen Teilen, wie Decken und Gardinen, eignen sich gehäkelte Fransen.

**Luftmaschenfransen**

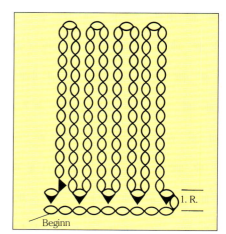

**Fransen aus halben Stäbchen**

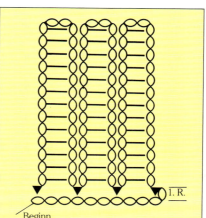

**Korkenzieherfransen,** je Franse 17 Luftmaschen häkeln.

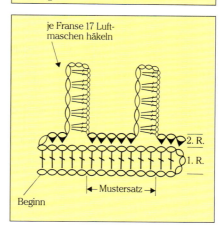

# Perlenhäkelei

Perlen lassen sich auf verschieden Weise verarbeiten. In feste Maschen eingehäkelt, liegen sie immer etwas schräg, deshalb sollte man nur runde Perlen derart verarbeiten. Werden halbe Stäbchen gearbeitet, liegen die Perlen gerade. Vor dem Häkelbeginn werden alle benötigten Perlen auf den Arbeitsfaden gefädelt. Soll ein bestimmtes Muster entstehen, müssen die Perlen in der umgekehrten Reihenfolge, also vom Ende zum Beginn, aufgezogen werden. Beim Einhäkeln erscheinen die Perlen stets auf der Rückseite, deshalb werden sie in den Rückreihen eingearbeitet.

## Perlen mit festen Maschen einhäkeln

**1** Die Perle dicht an die Maschen heranschieben und die Nadel einstechen. Den Faden nach der Perle umschlagen und 1 Schlinge durchziehen.

**2** Den Faden erneut umschlagen und durch die beiden auf der Nadel liegenden Schlingen ziehen. Die Perle liegt auf der Rückseite.

**3** Hier wurden die Perlen versetzt mit 3 Maschen und 3 Reihen Abstand eingehäkelt.

## Perlen mit halben Stäbchen einhäkeln

**1** Die Perlen dicht an die Maschen heranschieben. Den Faden nach der Perle umschlagen und in die nächste Masche einstechen.

**2** Den Faden umschlagen und 1 Schlinge durchziehen. Den Faden erneut umschlagen.

**3** Alle 3 auf der Nadel liegenden Schlingen abmaschen. Die Perle liegt auf der Rückseite.

**4** Hier wurde in jeder 2. Reihe bei jeder Masche 1 Perle eingehäkelt.

# Behäkelte Zackenlitzen

Zackenlitzen gibt es in verschiedenen Qualitäten und Breiten. Natürlich sollen Häkelgarn und Litze miteinander harmonisieren und auf den Stoff abgestimmt werden, an den die Spitze genäht oder gehäkelt wird.

Alle gezeigten Spitzen wurden mit Glanzhäkelgarn Nr. 30 und Häkelnadel Nr. 1 gearbeitet. Die grobe Litze ist 20 mm breit und die feine 8 mm.

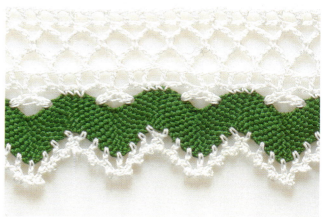

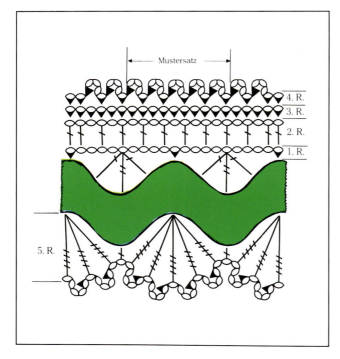

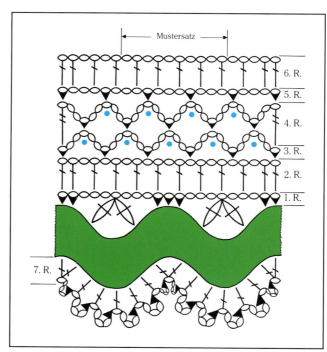

# Behäkelte Zackenlitze

Der Effekt bei den folgenden Mustern entsteht durch das Zusammenfassen mehrerer Spitzen der Litze. Für eine feste Masche in die entsprechende Anzahl Spitzen einstechen und jeweils eine Schlinge holen, den Faden umschlagen und alle auf der Nadel liegenden Schlingen abmaschen. Für ein mehrfaches Stäbchen werden zunächst die erforderlichen Umschläge gemacht. Nun in die entsprechende Anzahl Spitzen einstechen und jeweils eine Schlinge holen. Den Faden umschlagen und diese Schlingen abmaschen. Das Stäbchen wie gewohnt fertighäkeln.

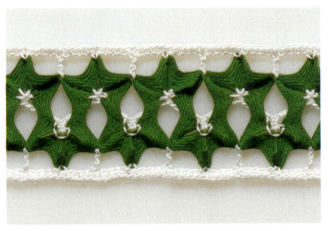

Die Symbolzeichnung zeigt die Rückseite des Musters.

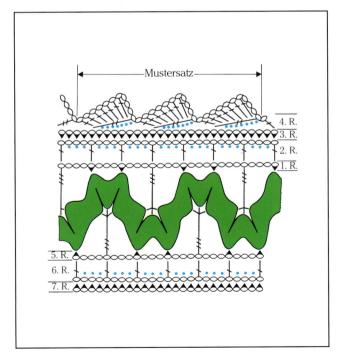

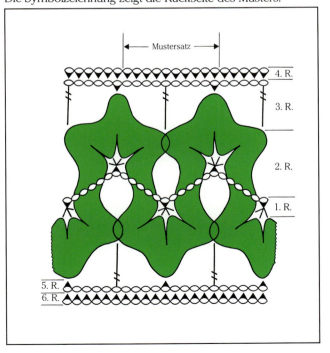

# Anschlag aus Häkelmaschen

Bei einem solchen Beginn der Häkelarbeit entfällt der Luftmaschenanschlag. Alle Maschen werden in das linke äußere Glied der letzten Masche gearbeitet. Der Vorteil dieses Anschlages liegt in der größeren Elastizität gegenüber einer Luftmaschenkette.

## Anschlag aus Kettmaschen

Beginn 2 Luftmaschen, in die 1. Luftmasche einstechen. * Den Faden umschlagen und 1 Schlinge durchziehen. Den Faden erneut umschlagen und die 2 auf der Nadel liegenden Schlingen abmaschen. In das linke äußere Maschenglied einstechen. *

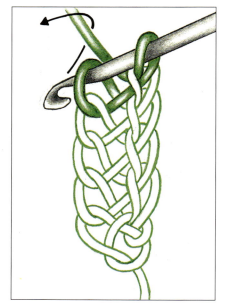

## Anschlag aus festen Maschen

Beginn 2 Luftmaschen, in die 1. Luftmasche einstechen. *Den Faden umschlagen und 1 Schlinge durchziehen. Den Faden umschlagen und 1 Schlinge abmaschen. Faden erneut umschlagen und die 2 auf der Nadel liegenden Schlingen abmaschen. In das linke äußere Maschenglied einstechen.*

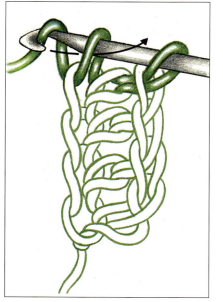
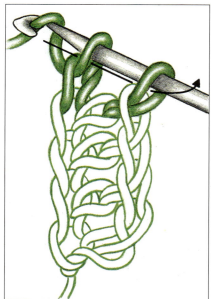

## Anschlag aus Häkelmaschen

### Anschlag aus halben Stäbchen

Beginn 3 Luftmaschen, 1 Umschlag, in die 1. Luftmasche einstechen. *Den Faden umschlagen und 1 Schlinge durchziehen. Den Faden umschlagen und 1 Schlinge abmaschen. Faden erneut umschlagen und die 3 auf der Nadel liegenden Schlingen abmaschen. 1 Umschlag, in das linke äußere Maschenglied einstechen.*

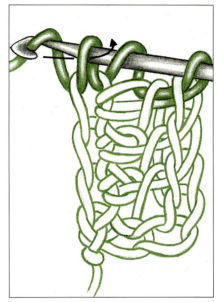
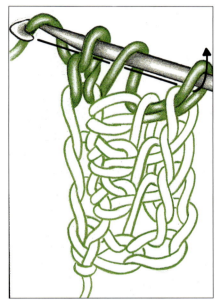

### Anschlag aus Stäbchen

Beginn 4 Luftmaschen, 1 Umschlag, in die 1. Luftmasche einstechen. *Den Faden umschlagen und 1 Schlinge durchziehen. Den Faden erneut umschlagen und 1 Schlinge abmaschen. Die verbleibenden Schlingen 2mal paarweise abmaschen. 1 Umschlag, in das linke äußere Maschenglied einstechen.*

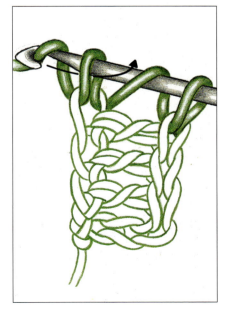
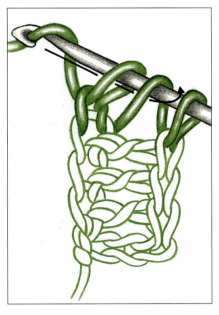

# Farbwechsel bei Jacquardmustern

Bei Jacquardmustern sollte der Faden, mit dem nicht gearbeitet wird, auf der Rückseite über höchstens 3 Maschen mitgeführt werden. Bei längeren Strecken sollte man ihn stets einarbeiten. Das hat den Vorteil, daß sich die Handarbeit nicht zusammenzieht und die Rückseite sauber aussieht. So vermeidet man auch das Hängenbleiben an langen Fadenschlingen.

## Arbeiten auf der Vorderseite

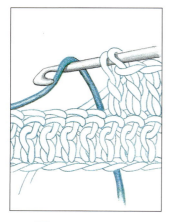 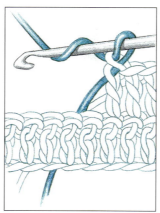 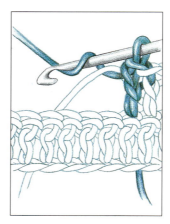 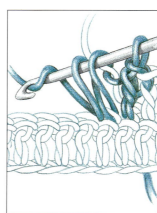

**1** Vor dem Farbwechsel die letzten beiden Schlingen auf der Nadel lassen und den Faden hinter die Arbeit legen. Den Faden der 2. Farbe von hinten kommend umschlagen und die beiden Schlingen abmaschen.

**2** Das Stäbchen in der 2. Farbe arbeiten, der Grundfaden hängt auf der Rückseite.

**3** Vor dem nächsten Umschlag die Fäden verkreuzen.

**4** Das Stäbchen wie gewohnt häkeln.

# Farbwechsel bei Jacquardmustern

## Arbeiten auf der Rückseite

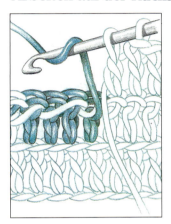 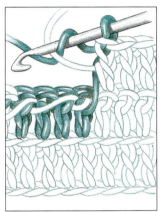 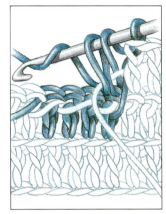 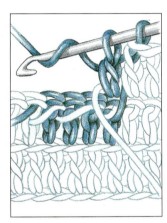

**1** Vor dem Farbwechsel die letzten beiden Schlingen auf der Nadel lassen und den Faden vor die Arbeit legen. Den Faden der 2. Farbe umschlagen und die 2 Schlingen abmaschen.

**2** 1 Umschlag, den Faden der Grundfarbe unter der Häkelnadel nach hinten führen.

**3** In die nächste Masche einstechen, den Faden umschlagen und 1 Schlinge durchziehen. Den Faden der Grundfarbe vor die Arbeit legen.

**4** Das Stäbchen wie gewohnt häkeln.

# Knopflöcher

## Waagerechtes Knopfloch

**1** In der Hinreihe häkelt man statt der Mustermaschen einige Luftmaschen, entsprechend der Größe des Knopfloches.

**2** In der Rückreihe wird um jede Luftmasche 1 Häkelmasche gearbeitet.

**3** Fertiges Knopfloch.

## Senkrechtes Knopfloch

**1** An der gewünschten Knopflochstelle die Arbeit teilen und zunächst 1 Seite bis zum oberen Rand des Knopfloches häkeln.

**2** Die 2. Seite häkeln und darauf achten, daß die Arbeit in der entsprechenden Richtung aufgenommen wird. Sind beide Seiten gleich hoch, wird wieder über die gesamte Breite gehäkelt.

**3** Fertiges Knopfloch.

## Tunesisches Knopfloch

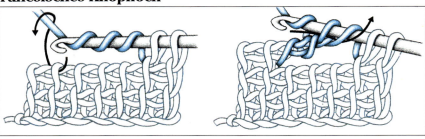

**1** In der Hinreihe werden entsprechend der Knopflochgröße einige Maschen übergangen und dafür die gleiche Anzahl Umschläge auf die Nadel genommen.

**2** In der Rückreihe werden die Umschläge genau wie die Schlingen abgemascht. Aus den Abmaschgliedern über den Umschlägen werden in der nächsten Hinreihe Schlingen aufgenommen.

**3** Fertiges Knopfloch.

# Knöpfe umhäkeln

Umhäkeln kann man alle Knöpfe, am besten eignen sich aber solche mit Öse auf der Rückseite zum Annähen. Kleine Kugelknöpfe sind auch selbst herzustellen, indem die Knopfhülle ganz fest mit Garnresten ausgestopft wird. Als Häkelgarn eignet sich sehr gut Perlgarn Nr. 8, da es dünn genug und in vielen Farben erhältlich ist. Die Häkelnadel sollte etwas dünner sein als angegeben, damit die Knopfhülle dicht und geschlossen ist.

Die meisten der abgebildeten Knöpfe sind mit festen Maschen umhäkelt, wobei auch die linke Seite als rechte genommen wurde. Bei Hüllen für größere Knöpfe kann man sehr gut mit Stäbchen beginnen und dann zu festen Maschen übergehen. Bei dem weißblauen und dem orange-braunen Knopf sind aus Luftmaschen Rüschen gehäkelt, ein goldener Knopf ist mit einem Gitter aus festen Maschen und Luftmaschen bezogen.

**1** Man beginnt mit einem kleinen Luftmaschenring oder einem Fadenring. Mit festen Maschen oder Stäbchen in Runden häkeln, bis ein Kreis entsteht, der etwas kleiner als der Knopf ist. Noch einige Runden ohne Zunahmen arbeiten.

**2** Den Knopf in die Hülle stecken und darauf achten, daß sie sehr eng um den Knopf liegt.

**3** Noch ein Stück gerade hoch arbeiten und den Faden bis auf etwa 50 cm abschneiden. Den Faden in eine Nadel fädeln, durch die Maschen der letzten Runde ziehen und straff anziehen. Das Fadenende gut vernähen, aber nicht abschneiden. Damit kann der Knopf später angenäht werden.

**4** Fertig umhäkelter Knopf.

# Register

Ajourreihen 250
Anschläge 266 f.
– aus Luftmaschen 9
– aus festen Maschen 266
– aus Häkelmaschen 266
– aus halben Stäbchen 267
– aus Kettmaschen 266
– aus Stäbchen 267

Beginn beim Häkeln 8
Behäkelte Zackenlitzen 264
Blumenborte 160
Blüten 64, 66
Bogenbordüre 129
Bogenspitze 139
Bordüre mit Arabesken 130
Bordüre mit
 Luftmaschenbogen 257
Bordüren 138
Borte mit Blättern 129
Borte mit
 Schneeglöckchen 160
Borten 138
Breite Zackenspitze 144
Brügger Häkelei 218 ff.
– Bändchen 218
– Doppelkreis 222
– Doppelte Wellenlinie 221
– Durchbruchreihen 218
– Gleichmäßige
 Schlangenlinie 219
– Mitteldecke 224
– Oval 222
– Schmale Schlangenlinie 221
Brügger Spitzen 218
Bunte Motive 182 ff.
Bunte Muster 72

Damenpulli 58 f.
Durchbruchspitzen 143

Eckbildung 131
Eierwärmer 17
Einfache Muster 32
Einfache Stäbchen 19
Einfacher Sternstich 49
Einfacher Strickstich 13

Fächerborte 144
Fächerstich 53
Fächerstich in Runden 53
Fadendichte 224
Fadenkaro 255
Fadenring 14 ff.
Fantasiemuster 40
Farbwechsel bei
 Jaquardmustern 268
Feste Masche 11
Filethäkelei 104
Filethäkelspitzen 128
Flaschenkaro 252

Flechtstich 13
Formen 14 f.
– Achteck 15
– Kreis 15
– Oval 15
– Quadrat 14
– Sechseck 15
Formen aus festen
 Maschen 14
Fransen 262
Fransen aus halben
 Stäbchen 262

Gabelhäkelei 242 ff.
– Behäkeln der
 Gabelborte 243
– Zusammensetzen der
 Gabelborte 244
Gabeln
– vernickelt 5
– verstellbar 5
Gardine 68
Gehäkelte Fransen 262
Gerippter Häkelstich 12
Gewebefaden 224
Gittermuster 28
Gittermuster, Entstehung 104
Gitterstich 99
Grätenstich 46
Gretchenstich 13

Häkel-/Symbolschrift 6 f.
Häkelspitzen 138
Häkelstich 12
Häkelstiche 12 ff.
– Einfacher Strickstich 13
– Flechtstich 13
– Gerippter Häkelstich 12
– Gretchenstich 13
– Rosenstich 12
– Vorderstich 12
Häkelverbindungen 245
Halbe Stäbchen 18
Handhaltung beim Häkeln 8
Herzmuster 80

Innenbogen 219
Irische Häkelei 188 ff.
– Blätter 188
– Blätterbordüre 204
– Blüten 188 ff.
– Blütenborte 205
– Einlagefäden 188
– Einzelmotive 188 ff.
– Freies Verbinden von
 verschiedenen Motiven 210 f.
– Netzgrund 212
– Tüllgrund 188, 212
– Unregelmäßiger
 Netzgrund 214
– Verbindungsstege 208

Jacke und Top 26
Jaquardmuster 268

Kettmasche 10
Kettmaschenbordüre 257
Kissen 186
Kissenhülle 186
Kissenplatte 186
Kleines Karomuster 254
Knopfhülle 271
Knopflochbordüre 257
Knopflöcher 270
Korkenzieherfransen 262
Kreuzstäbchen 22
Kugelknöpfe 271

Luftmasche 8
Luftmaschenfransen 262
Luftmaschenreihe 9
Luftmaschenring 14

Margaritenmuster 76
Muschelmuster 36
Muster mit ineinandergesetzten
 Dreiecken 74
Mustergruppen 46 ff.

Nadeln 5
Noppen 86 ff.
– aus Büschelstäbchen 91
– aus Luftmaschen 86 f.
– aus Stäbchen 89
– aus zusammen abgemaschten
 Stäbchen 90
– um ein Stäbchen 93

Perlen 263
Perlenhäkelei 263
Perlgarn 271
Pikots 256
Pulli mit Durchbruchmuster 56
Pulli mit Rückenausschnitt 60
Pullover 62

Quadrate aus der Mitte
 gehäkelt 110

Randbordüren 257 ff.
Rautenborte 142
Relief-Bündel-Stäbchen 92
Rosenbordüre 128
Rosenstich 12
Rüschen 260 f.

Schlingenhäkelei 246 ff.
Schlingenreihe 246
Schottenmuster 252 ff.
Schultertuch 54
Sonnenspitze 141
Spinnen 218
Stäbchengitter 250

Stäbchennetz 250
Sternstich in Runden 51
Streifenmuster 72
Streifenmuster mit
 Linienraster 253
Streifenmuster mit
 Überkaro 255

Taufkleid mit Mütze 66
Tischläufer 70
Tunesische Häkelei 96 ff.
– Einfacher tunesischer
 Strickstich 99
– Gitterstich 99
– Kreuzstich 100
– Linkstunesische Masche 100
– Linkstunesischer Stich 100
– Verschränkter tunesischer
 Strickstich 99
Tunesisches Knopfloch 270

Verbinden von
 Häkelquadraten 120
Verkürzte Reihen 124
Vorderstich 12

Weben 250 ff.
Weben mit Häkelnadel 254
Weben mit Stricknadel 251
Webhäkeln 250 ff.
Webstiche 251
Wellenbordüre 129, 257
Wellenmuster 72
Weste 64

Zackenbordüre 129
Zackenlitzen 264
Zackenmuster 74